U0516487

康熙紹興府志 3

紹興大典 史部

中華書局

紹興府志卷之十三

災祥志

分野　天　日　月　星　雲　雹　風　地
山川　有年　水　旱　蝗蝻　饑　疫　寒
火　血　人　龍　六畜　鳥　獸　介屬
蟲　草木　金錢　雜異　訛言

分野史記天官書斗江湖牽牛婺女揚州漢地理志吳地斗分野今之會稽九江丹陽豫章廬江廣陵六安臨淮郡皆吳分越地牽牛婺女分野禹後帝少康

之子封會稽晉天文志自南斗十二度至須女七度爲星紀於辰爲丑吳越分隋唐書皆然春秋元命苞牽牛流爲揚州分爲越國張衡曰會稽入牽牛一度虞翻曰會稽上應牽牛之宿當少陽之位列星度數斗第二星主會稽元史斗四度三十六分六十六秒外入吳越分舊志云春秋傳吳越同壤漢永嘉中木火金聚牛女孫氏實有江左陳亡有星孛於牽牛則吳越實同占矣按西漢會稽郡兼吳越地故班氏於兩分皆稱會稽且斗牛女連度而入閩嶺南及蒼梧

皆牛女分野則牛女非越分之所私也魯昭公十二年夏吳伐越史墨曰越得歲吳伐之必受其凶由此觀之吳越分星各有所主其從同從異非一術也

周述學曰紹興府領八縣隸浙江布政司疆域不及古會稽十之一所分天度無幾所干災祥甚微當以吳越通占況斗牛二宿同在星紀一次躔奧之中亦不宜分論惟風雲物氣乃一郡所發應可以專視也

明初清類書以辰次配野丑爲吳越分屬揚州唐僧一行以爲南斗在雲漢下流故當淮海間爲吳分牽

牛去南河寖遠故自豫章至會稽南逾嶺徼爲越分而淸類書辰次躔度黄道自斗三度至女一度爲星紀之次從元時郭守敬弧矢之法而定也漢班固自斗十一度至婺女七度費直分斗十度至女六度蔡邕分斗十六度至女二度晉天文志自南斗十二度至須女七度僧一行初南斗九度中南斗二十四度終女四度其所分躔次各殊惟據一行之配野守敬之分次則分野之論定矣其經星分野紫微垣外北斗七星石氏謂第四星主吳春秋文曜鉤以會稽於北

斗七星屬權星東漢天文志第六星主揚州常以五巳日候之丁巳日爲吳郡會稽太微垣外三台六星春秋元命苞以上台下星主荊揚天市垣二十二星宋兩朝天文志東南第六星爲吳越南斗六星第二星主會稽畢宿北五車五星列星度數以東南一星爲司空主楚越其緯星分野木星據精義以東方歲星主齊魯東吳之國火星據精義以南方熒惑配丙丁主吳楚史記天官書吳分於五行屬火亦相同也其十干分野天官書以吳越分其日屬丁其十二支

分野天官書以戌爲吳越分其九宮八卦分野按河圖四宮巽屬東南屬吳越然在分野之占亦有異同以人在地上占星有南北之分星在天上現占有隱顯之殊其應災福亦隨以異即南北兩朝之占北國先見變而災重南國遲見變而災輕矣分野之說豈可泥於一定而無變通之妙耶凡悖謬者已悉删去

句章王德邁嗣臯曰按舊志載周述學之言篇幅頗長計二千二百餘言其雜引諸書往往多悖謬由儒家訛以傳訛也即如丑爲星紀之次其度數始末古

人所論不同班固始斗十一度終女七度費直始斗十度終女六度蔡邕始斗六度終女二度迄乎晉志唐書亦復互異豈古人牴牾其說哉特因二十八宿必於每宿內論一距星而諸家所論之星先後不同則宮次之得度亦異周君遂疑爲歲差之故則謬矣夫厯法以冬至太陽所躔之度爲厯元而歲歲移動故曰歲差卽每月昏中旦中之星亦以歲差而移動昭昭也若夫分野原以列宿配之此天地自然之理如尾箕爲燕斗牛女爲吳越此說與歲差無涉而儒

家不曉乃爲脊亂牽合可乎余怪文獻通考載洪氏隨筆篇忞其妄論謂分野因歲差而當變因地勢而當變因遷民而當變杜撰之言太史家喩之余謂天變人變之說固不可以論分野若夫川有通塞河有遷徙分野以地勢變此實偶合於天地之理其餘皆妄論也今觀舊志載周述學之言多從洪氏來而又加聽說以人命吉凶附會分野嗚呼悖矣謹刪而辨之時康熙十一年仲春也

王嗣皐又曰古今爲分野之說者言其槩則分以十

二辰言其詳則分以二十八宿按吳越係揚州晉書天文志陳卓所定自南斗十一度至須女七度爲星紀於辰在丑吳越之分唐宋皆因之元書郭守敬所定自南斗四度九分至須女二度一十二分爲星紀於辰在丑吳越之分先後差六度有奇然非互異也凡太陽黃道二十八宿直之每宿有一距星距者以此宿與彼宿相距之界也自漢迄宋皆以斗柄爲距星故吳越分野始於南斗十一度至須女七度其自斗十一度以前每占燕分多不驗郭守敬精筭特絶

不以斗柄爲距星而以斗魁爲距星實從唐時僧一行之言悟入唐書載一行分野篇凡分野以雲漢貫注列宿相符爲驗乃曰南斗在雲漢下流故當淮海間爲吳分而牽牛去南河（南河星名凡三星在井宿東南）寖遠故自豫章至會稽郡又南逾嶺徼皆爲越分一行闡其理郭守敬精其筭明誠意伯劉基有淸類分野志繫以唐書僧一行之論而劉誠意所指紹興府則曰牛女分野夫既言牛矣又何以言女凡占驗越郡之地與海稍遠者以牽牛驗其沿海一帶皆驗于須女然牛

女二宿仍以南斗爲領故吳越分野同占天官家知之難與儒家言也余已于康熙十年載入山陰縣志矣兹復正之

又曰唐天文志載僧一行之論詳矣凡分野未嘗以星之南北分地之南北惟觀雲漢貫注得其精氣之所至耳關有私心穿鑿割其度爲山陰某度爲會稽者大爲悖戾

災祥天明嘉靖二十一年天裂有光如電四十一年夏天裂有光如電

皇清順治十八年六月天裂有光康熙五年六月十五日夜半天裂有光

日

漢高帝三年十月甲戌晦日有食之在斗二十度文帝二年十一月癸卯晦日有食之在女一度三年十月丁酉晦日有食之在斗二十二度武帝太始四年十月甲寅晦日有食之在斗十九度昭帝始元三年十一月壬辰朔日有食之在斗九度光武中元元年十一月甲子晦日有食之在斗二十八度明帝永平八年十月壬寅晦日有食之既在斗十一度十八

年十一月甲辰晦日有食之在斗二十一度晉明帝太寧三年十一月癸巳朔日有食之至斗唐高祖武德六年十二月壬寅日有食之在斗十九度中宗景龍元年十二月乙丑朔日有食之在斗二十八度元宗開元二十二年十二月戊子朔日有食之在斗十三度二十三年閏十一月壬午朔日有食之在斗十一度武宗會昌六年十二月戊辰朔日有食之在斗十四度宋高宗紹興五年正月乙巳朔日食于女分十三年十二月癸未朔日食于牛三十二年正月戊

申朔日食于女元順帝至正十八年十二月乙丑朔日有食之二十七年十二月癸卯朔日有食之明洪武十九年十二月癸未朔日有食之弘治元年十二月甲申朔日有食之正德十年十二月癸丑朔日有食之嘉靖四年十二月乙卯朔日有食之舊志云元以後記日食多不著何度然以辰次求之凡十二月多斗度也書以備考焉崇禎十四年辛巳十月辛卯朔日食既白晝如夜星斗盡見百鳥飛鳴牛羊雞犬皆驚逐

皇清順治七年十月朔日食既按舊志凡日食非吳越分野者不記茲特

記之四其
食既也
晉武帝太康元年正月巳丑朔五色氣貫日自卯至酉占曰丑爲斗牛主吳越陳文帝天嘉七年二月庚午日無光烏見占其日庚午吳楚之分野以上日變

月

陳宣帝太建二年正月乙巳月暈有白虹長丈所貫之而有兩珥連接規北斗第四星八年十月巳未庚申月連暈規昴畢五車及參唐肅宗大曆十年九月戊申月暈五車中有黑氣乍合乍散十二月丙子月出東方上有十餘道如疋練貫五車及畢觜觿參

東井輿鬼柳軒轅中夜散去以上月變

漢光武建武十八年十二月壬戌月犯木星吳景帝永安三年春月犯建星晉惠帝大安二年十一月庚辰歲星入月中成帝咸和六年正月丙辰月入南斗八年三月己巳月入南斗咸康五年四月辛未月犯歲星乙未又犯穆帝永和三年正月壬午月犯南斗第五星五月壬申犯第四星因入魁四年七月丁巳入南斗犯第二星六年六月丙子犯斗八年三月癸丑入南斗犯第二星九年二月乙巳入南斗犯第三

星十一年四月庚寅犯牛宿南星十二年六月己未犯越星八月癸酉掩建星升平二年閏三月犯歲星三年七月戊子犯牽牛中央大星四年正月犯牽牛中央大星五年五月犯建星辛亥犯牽牛哀帝興寧三年七月犯南斗孝武帝寧康元年三月丙午掩南斗第五星太元十四年十二月犯歲星十九年四月掩歲星安帝隆安四年又掩元興二年六月掩斗第四星義熙四年五月掩斗第二星六年三月己巳掩斗第五星五月甲子又掩第五星八月丙戌犯斗第

五星丁丑掩牽牛宿南星八年正月犯歲星十年五月壬寅犯牽牛南星十二年五月犯歲星十三年五月丁亥犯牽牛陳武帝永定三年九月入南斗文帝天嘉三年八月癸卯犯南斗丙午犯牽牛五年十月庚申犯牽牛廢帝光大二年正月掩歲星宣帝十二年十月戊午犯牽牛唐高祖武德二年七月戊寅高宗永徽三年正月壬戌又犯元宗天寶十四載十二月食歲星代宗寶應二年四月己丑掩歲星大曆九年六月己卯掩南斗十二年七月庚戌入南斗德宗

建中元年十一月食歲星憲宗元和二年二月壬申
掩歲星十二年八月丙午入南斗魁中十四年正月
癸卯犯南斗魁穆宗長慶元年二月丁亥犯歲星文
宗大和四年四月庚申掩南斗杓次星六年七月辛
丑又掩次星七年七月丙申掩南斗口第二星是歲
入南斗者五九年六月庚寅掩歲星開成二年七月
壬申入南斗四年二月丁卯掩歲星武宗會昌二年
十月丙戌三年三月丙申又掩六年二月丙申掩牽
牛南星遂犯歲星僖宗文德元年七月丙午入南斗

後唐明宗天成元年七月乙丑入南斗魁三年七月四年正月癸巳又入魁二月月及火土合于斗七月丁丑入南斗長興元年八月己亥犯南斗晉出帝開運元年七月壬午入南斗九月丙子十月癸卯又入漢高帝天福十二年十一月己卯犯南斗乾祐元年四月又犯乙未入南斗宋太祖建隆二年十一月癸未犯歲星太宗太平興國八年七月辛亥淩犯歲星九年九月丁未犯南斗魁端拱元年二月辛亥犯歲星淳化二年六月己丑五年十月己亥至道三年十

二月癸丑又犯眞宗咸平元年五月己巳掩歲星二年正月己卯入南斗魁三年十月乙卯犯五車五年二月癸巳犯歲星六年七月庚午又犯景德二年六月犯南斗大中祥符六年二月丙戌犯歲星四月甲辰犯南斗九年五月己巳犯歲星天禧元年正月戊申又犯二年正月犯南斗距星三年九月己卯犯歲星仁宗乾興元年十一月犯五車天聖三年七月己未犯歲星戊申掩歲星景祐元年七月犯南斗三年八月又犯五年四月庚寅犯歲星寶元二年十月犯

南斗慶曆六年三月丙申犯歲星七月乙酉又犯皇
祐元年七月丙午二年十月巳丑至和二年十月巳
酉皆又犯十二月甲辰掩歲星三年閏三月癸巳又
掩七月犯南斗嘉祐五年三月又犯距星八年七月
犯牽牛壬戌掩歲星十一月辛亥又掩英宗治平二
年十月犯牽牛中星四年八月癸酉掩歲星神宗熙
寧元年四月壬子犯歲星十年九月庚午十二月壬
辰又犯元豐元年四月庚申入南斗三年十二月癸
未犯建西第三星八年六月丙子犯建第四星十一

月戊戌犯歲星哲宗元祐二年三月犯建星三年十月壬辰犯歲星四年三月丙子紹聖三年九月戊戌又犯元符二年七月壬子月犯建西第三星八月壬辰犯歲星十一月辛巳十二月戊申又犯徽宗建中靖國元年八月丁酉犯建第二星大觀元年十二月丁未犯建星四年七月戊午犯歲星政和元年正月巳巳又犯二月巳卯犯南斗高宗紹興三年七月癸亥入南斗行魁中七年三月辛巳犯牽牛西第一星五月丁丑犯建星十九年二月甲戌入南斗六月癸

亥八月戊午二十一年八月乙亥二十二年三月癸丑皆又入二十三年三月戊申犯南斗二十七年十一月乙丑犯牽牛二十八年三月庚辰犯建星六月壬寅掩建星十月癸巳掩牽牛距星二十九年三月乙亥犯建星七月癸巳掩牽牛距星三十年七月戊子犯牽牛八月乙卯犯牽牛九月庚辰犯南斗三十一年四月戊子犯牽牛距星七月癸未三十二年四月癸未又犯孝宗乾道元年七月丁巳犯南斗五年五月庚午入南斗十月丁亥入南斗魁又掩第五星

六年二月癸酉犯南斗三月庚午入南斗魁七月庚子犯五車十月壬戌七年正月甲申又犯六月乙卯犯南斗九月丁丑十二月戊寅又犯淳熙二年八月乙酉犯南斗入魁三年二月辛卯入南斗五月癸丑掩犯南斗四年正月辛未犯五車五月乙亥入南斗十一年七月丁酉犯南斗十二年正月戊申入南斗五月丁亥犯南斗十五年正月庚申入南斗魁六月丁丑九月己亥十二月戊子入南斗十六年三月庚戌入南斗魁寧宗開禧三年六月丁巳又入嘉定元

年三月乙亥犯五車五年正月巳酉犯南斗十四年四月辛未又犯十五年八月癸未入南斗理宗景定三年十月丁卯犯五車元世祖至元十七年七月巳酉犯南斗二十年正月庚辰入南斗犯距星四月壬寅七月癸亥犯南斗二十四年閏二月甲申犯牽牛七月戊戌犯南斗辛丑犯牽牛十月壬戌又犯二十五年六月丁丑犯歲星二十六年七月辛卯犯牽牛乙未犯歲星十月癸丑犯牽牛距星二十八年五月甲寅犯牽牛八月丙子犯牽牛二十九年正月戊申

犯歲星七月辛未犯牽牛三十年二月庚戌犯牽牛七月甲子犯建星成宗元貞元年二月癸卯犯歲星五月丁亥犯南斗大德二年十二月巳卯犯南斗三年五月丙申五年五月癸丑七年四月乙亥又犯八月甲午犯牽牛十年七月庚辰又犯十一年六月丙午犯南斗杓星武宗至大三年三月丙申犯南斗仁宗延祐七年三月癸卯犯南斗東星英宗至治二年十二月巳丑犯建星西第二星順帝元統二年九月壬辰入南斗魁至元元年九月乙亥入魁犯南斗東

南星閏十二月癸卯犯南斗魁東南星二年三月乙丑又犯三年六月壬午犯南斗魁之尖星九月甲辰犯南斗魁第二星四年八月己亥犯南斗南第二星九月丙寅犯南斗距星十二月乙卯又犯五年五月壬申犯南斗第四星六年五月丁卯犯南斗第二星至正元年正月癸酉犯南斗北第二星九月庚辰犯建星二年十月癸卯犯建星北第三星八年犯建星西第一星九年二月甲申犯建星西第二星十一年七月己未犯南斗東第三星十二年十月甲子犯歲

星十四年六月甲辰入南斗十六年五月甲午又入十七年七月甲申犯南斗距星九月丙午犯南斗第三星十八年七月丁未又犯十九年五月丁未犯南斗北第二星十月壬申入南斗二十年五月癸卯犯建星西第二星閏五月戊戌犯建星西第三星二十一年正月庚申犯歲星十月甲申犯牽牛距星十一月庚戌犯建星西第四星二十二年五月辛酉又犯九月巳酉犯南斗北第一星十月巳卯犯牽牛距星二十五年八月乙未犯建星東第三星二十六年十

二月甲戌犯建星西第三星二十七年八月巳丑犯建星西第二星以上月凌犯

星

漢武帝元鼎中熒惑守南斗成帝建始元年七月踰歲星居其東北半寸所如連李時歲星在關星西四尺所熒惑初從畢口大星東東北往數日至往疾去遲和帝永元五年九月太白在南斗魁中安帝元初四年五月巳卯辰星犯歲星九月辛巳太白入南斗口中順帝永和二年八月庚子熒惑犯南斗四年七月入南斗犯第三星桓帝永壽元年九月癸巳犯

歲星延熙七年七月戊辰辰星犯歲星十二月乙丑又犯靈帝熹平元年十月熒惑入南斗中吳大帝赤烏十三年夏五月日北至熒惑逆行入南斗秋七月犯魁第三星而東會稽王太平元年九月壬辰太白犯南斗晉惠帝永康元年五月熒惑入南斗永興元年九月太白入南斗懷帝永嘉六年七月火木土金聚于牛女之間愍帝建興三年塡星久守南斗元帝太興元年七月太白犯南斗三年九月太白犯南斗成帝咸康二年九月庚子又犯穆帝永和三年九月

庚寅犯南斗第五星六年八月辛卯晝見在南斗八年八月丙辰入南斗犯第四星升平四年入南斗又犯第四星海西公太和二年八月戊午犯歲星簡文帝咸安二年五月丁未歲星形色如太白孝武帝太元元年四月丙戌熒惑犯南斗第三星丙申又掩第四星十九年十月癸丑太白犯歲星安帝義熙元年八月癸亥熒惑犯南斗第五星丁巳犯建星宋武帝孝建二年五月乙未入南斗齊武帝永明元年八月甲戌犯南斗第五星甲申太白犯南斗三年八月丁

未熒惑犯南斗十一年十二月壬辰太白犯南斗辛
丑犯建星梁武帝天監元年八月壬寅熒惑守南斗
十四年十月辛未太白犯南斗普通六年三月丙午
歲星入南斗中大通六年四月丁卯熒惑在南斗五
月巳亥逆行掩南斗魁第二星大同三年三月歲星
掩建星十一月熒惑犯歲星陳文帝天嘉二年五月
巳酉歲星守南斗四年九月癸未太白入南斗陳宣
帝太建十一年八月辛巳熒惑犯南斗第五星九月
巳酉太白入南斗魁中隋煬帝大業三年三月熒惑

逆行入南斗色赤如血如三斗噐光芒震耀長七八尺於斗中勾巳而行九年五月丁丑入南斗唐高祖武德八年冬太白入南斗高宗永徽三年正月壬戌犯牽牛五年二月甲午熒惑入南斗六月戊申復犯之上元三年正月丁卯太白犯牽牛元宗開元二十七年七月辛丑熒惑犯南斗代宗大曆二年九月乙丑又犯四年九月丁卯犯建星九年九月辛丑太白入南斗十月戊子歲星入南斗德宗貞元十九年三月熒惑入南斗色如血憲宗元和元年十月太白入

南斗十二月後犯之四年九月癸亥又犯之九年七月入南斗至十月出乃晝見熒惑入南斗中因留犯之十三年三月入南斗因逆留至于七月在南斗中大如五升器色赤而怒乃東行敬宗寶曆元年七月癸未太白犯南斗文宗太和三年十月熒惑入于南斗五年三月犯南斗杓次星七年九月癸酉太白入南斗開成元年正月甲辰掩建星三年十月辛卯犯南斗四年十月戊午辰星入南斗魁中武宗會昌四年十月癸未太白與熒惑合遂入南斗僖宗乾符六

年冬歲星入南斗魁中昭宗光化二年鎮星入南斗天復三年十一月丙戌太白在南斗去地五丈許色小而黃至明年正月乃高十丈光芒甚大後唐明宗天成四年三月歲星犯牛晉出帝開運元年八月甲辰熒惑入南斗二年九月甲寅太白犯南斗魁宋太宗太平興國八年三月己巳熒惑犯歲星四年十月太白犯南斗魁宋眞宗咸平二年十月丙午入南斗景德元年閏九月犯南斗大中祥符三年四月壬戌犯建星天禧元年二月鎮星犯建星三年五月填星

犯牽牛仁宗明道元年二月庚午太白犯五車二年十月犯南斗康定元年正月熒惑犯建星皇祐四年十二月太白犯南斗嘉祐四年正月歲星犯建星神宗熙寧六年七月丙寅太白犯南斗距星元豐元年十二月壬戌犯建西第二星哲宗元符三年九月犯南斗西第二星徽宗崇寧四年十二月填星犯建第二星宣和三年正月戊申熒惑犯南斗高宗建炎四年正月癸亥太白犯建星紹興五年二月庚戌填星犯建星十九年七月戊申熒惑犯南斗寧宗嘉定四年

八月壬辰又犯六年歲星留守建星十三年太白犯南斗理宗紹定元年七月戊戌熒惑犯南斗嘉熙元年五月庚午朔歲星留守建星淳祐十二年九月丙午太白犯南斗距星恭宗德祐元年八月戊午熒惑犯南斗元世祖至元二十一年九月癸巳太白犯南斗第四星二十四年九月壬子又犯二十五年九月癸卯熒惑犯南斗二十六年八月辛未歲星晝見二十七年正月庚戌太白犯牽牛二十八年三月乙卯犯五車八月戊子犯歲星成宗大德二年二月辛酉

熒惑犯歲星十月壬戌太白犯牽牛十一月辛酉辰星犯牽牛十二月乙丑太白犯歲星六年八月乙丑熒惑犯歲星七年九月辛未犯南斗乙亥太白犯南斗九年十一月丙寅歲星晝見十二月巳亥辰星犯建星十年正月丁巳太白犯建星閏正月癸酉犯牽牛十一年七月壬午熒惑犯南斗十一月辛卯辰星犯歲星武宗至大元年十月辛丑太白犯南斗二年十二月癸亥辰星犯歲星仁宗延祐七年九月丙戌熒惑犯南斗英宗至治二年正月庚辰太白犯建星

西第二星辛巳犯第三星丁酉犯牽牛南第一星十一月辛酉熒惑犯歲星十二月戊寅太白犯歲星泰定帝泰定元年十月丙寅犯南斗距星巳巳入南斗魁二年正月丙戌辰星犯天鷄壬寅太白犯建星十二月乙酉辰星犯建星四年正月巳酉太白犯牽牛順帝至元元年十月甲寅熒惑犯南斗西第二星丁卯太白犯南斗第三星四年九月巳亥熒惑犯南斗西第二星四年正月癸卯太白犯建星甲辰犯建星西第三星巳未犯牽牛九月庚寅犯南斗北第二星

五年六月甲辰熒惑退入南斗魁內七月辛酉犯南斗魁尖星六年六月辛亥太白犯歲星十月丁酉入南斗魁巳亥犯南斗中央東星至正三年二月甲辰填星犯牽牛南第一星九年正月庚戌太白犯建星東第三星十一年正月丙戌辰星犯牽牛西南星十月乙酉太白犯南斗西第二星巳丑熒惑犯歲星十一月庚午歲星晝見十二年八月丁卯太白犯歲星十四年正月乙丑熒惑犯歲星丁卯太白犯建星西第二星十七年十月戊寅犯歲星十八年五月壬子

犯南斗東第三星十九年十月壬申入犯南斗南第三星二十年正月丙辰熒惑犯牽牛東角星二十二年正月戊申朔太白犯建星西第二星二十三年四月辛丑熒惑犯歲星八月辛酉太白犯歲星二十四年十月丙辰犯南斗西第二星二十五年正月甲戌犯建星西第四星十月巳酉熒惑犯南斗杓西第二星閏十月戊辰太白辰星熒惑聚於南斗二十六年十一月甲辰太白犯歲星二十七年九月丁酉熒惑犯南斗西第二星十月丁卯歲星太白熒惑聚於南

斗明洪武十九年四月熒惑留南斗二十三年正月入南斗三十年十月犯南斗宣德六年九月八年八月又犯景泰四年五月丁丑歲星晝見六月甲辰又晝見成化二年太白曳入南斗嘉靖十九年九月壬子熒惑入南斗十一年八月丁酉掩南斗二十三年六月犯南斗

皇淸順治二年乙酉紹興府未入版圖夏六月太白晝見逾數日越與甬東同日聚衆晝錢塘拒師順治三年五月二十六日太白經天六月朔日大兵臨府

城士民嚮化以上五緯凌犯及晝見經天

漢哀帝建平二年二月彗星出牽牛七十餘日明帝永平九年正月戊申客星出牽牛長八尺歷建星至房南見凡五十日章帝建章元年八月庚寅彗星出天市長二尺所稍行入牽牛三度積四十日順帝永建六年彗星出於斗牽牛滅於虛危吳大帝赤烏三年十月乙酉彗星見西方在尾長二丈拂牽牛犯太白會稽王五鳳元年十一月白氣出南斗側廣數丈長竟天二年正月彗星見於吳楚分西北竟天晉武

帝太康八年九月星孛于南斗長數十丈十餘日滅
惠帝永康元年十二月彗星出牽牛之西指天市孝
武帝太元十一年三月客星在南斗至六月乃沒梁
武帝大同五年十月辛丑彗出南斗長一尺餘東南
指漸長一丈餘十一月乙卯至婁滅陳後主禎明二
年十月甲子有星孛于牽牛煬帝大業十二年九月
戊午有枉矢出北斗魁委曲蛇形注于南斗唐高宗
開耀元年九月丙申有彗星于天市中長五丈東行
至河鼓癸丑不見元宗開元十八年有彗星于五車

代宗大曆五年四月巳未有彗星于五車光芒蓬勃長三丈文宗開成二年三月丙午有彗星于危長七尺餘西指南斗戊申在危西南芒耀愈盛癸丑在虛辛酉長丈餘西行稍南指壬戌在婺女長二丈餘廣三尺癸亥愈長且濶三月甲子在南斗乙丑長五丈其末兩歧一指氐一掩房丙寅長六丈無歧北指在亢七度丁卯西北行東指巳巳長八丈餘在張癸未長三尺在軒轅右不見凡彗星晨出則西指夕出則東指未有遍指四方淩犯如此之甚者昭宗景福元

年十一月有星孛于斗牛後唐明宗天成三年十月庚午彗出西南長丈餘東南指在牛宿五度至三夕不見宋眞宗大中祥符四年正月丁丑客星見南斗魁前元順帝至正二十二年彗星見于紫微垣測在牛二度九十分色白光芒約長尺餘東南指西南行戊子光芒掃上宰七月乙卯滅明嘉靖三十八年七月壬申有枉矢起自貫索經天市至牽牛之西而滅

皇清康熙三年十一月彗星出於軫度長數丈氣白如練西北指逆行見四十餘日至婁度而不見以上彗孛客星

漢順帝漢安二年有星隕于諸暨縣東北二十里化爲石晉安帝隆安五年三月甲寅流星赤色衆多西行經牽牛虛危天津閣道貫太微紫宮唐睿宗景雲元年八月巳未有流星出五車至上台滅文宗太和八年六月辛巳夜中有流星出河鼓赤色有尾迹光燭地遂如散珠北行近天棓滅有聲如雷懿宗咸通元年夏六月有星隕于山陰光起丈餘狀如蛇晉高祖天福三年三月壬申夜四鼓後東方有大流星狀如三升器其色白尾迹長二尺餘屈曲流出河鼓星

東三尺東流丈餘滅周世宗顯德三年正月癸亥五鼓後有大星出南斗東北流丈餘滅宋太祖乾德六年有星出河鼓如升器慢行明燭地太宗端拱二年四月壬申有星出漸臺大如盌色赤東南急行掩左旗過河鼓沒淳化四年五月乙未平明有星東南出南斗大如杯色青白西北行而沒至道二年六月巳夘有星出牽牛西歷狗國光芒丈餘墜東南及地無聲三年九月丁丑有星二隕于西南一出南斗一出牽牛有光三丈許眞宗咸平五年三月丙午有星晝

出心至南斗沒赤光丈餘九月戊戌有星千數入輿鬼至中台凡一大星偕小星數十隨之其間兩星如升噐大至狼星一至南斗沒大中祥符三年五月壬申有星出建星如升噐入南斗沒赤黄有尾迹仁宗寶元二年三月癸丑星出右旗赤黄有尾迹向南速行沒于建星明燭地皇祐元年六月巳巳星出瓠瓜赤黄有尾迹向南速行至建星沒英宗治平二年星出河鼓大如醆色赤黄速行至天市垣內宗星沒哲宗元符二年十月辛丑星出女西北急流至牛西北

沒紹聖元年六月星出人星南急流至牽牛沒徽宗崇寧二年九月辛巳星出牛西南慢流至狗國沒四年五月庚申星出河鼓西北急流入濁沒欽宗靖康二年正月乙未大星出建向西南急流至濁沒赤黃有尾迹照地明高宗紹興元年七月乙未朔流星出河鼓理宗淳祐八年星出河鼓大如太白開慶元年六月己亥星出南斗河鼓急流向東南至濁沒赤黃色有音聲尾迹照地明大如太白四年六月丁卯星出河鼓五年五月甲午星出河鼓大星東南急流向

西北至濁沒赤黃有尾跡照地明大如太白度宗咸淳五年五月庚申星出南斗距星東北急流向牛至濁沒六月庚寅星出南斗七月壬戌星出河鼓距星西北急流至濁沒元成宗大德三年九月壬辰流星色赤尾長尺餘其光燭地起自河鼓沒于牽牛之西有聲如雷順帝至元四年九月癸酉奔星如酒盃大色白起自右旗之下西南行沒於近濁

皇清順治二年乙酉越地未入版圖六月初八日夜有流星如月大小相隨光芒甚白不數日有聚衆

者順治三年六月十一日星隕如雨以上星流星隕

雲晉安帝義熙三年若耶山五色雲見明天啓六年六月朔日東方五色雲見

雹宋高宗紹興元年二月會稽雨雹震電寧宗嘉定六年會稽六月寒雨雹害稼元元統某年春蕭山大雨雹壞廨舍明正德十年三月餘姚雨雹大者如拳傷麥殺禽鳥嘉靖二十三年春諸暨淸明日大雨雹有如斗者傷麥萬曆四十五年六月初六日午時諸暨雹雷驟作寒逾冬月崇禎十三年諸暨雨雹害稼

殺牛羊甚衆

皇淸順治十五年閏三月朔日上虞雲中隱隱如龍戰鬭大雨雹倏忽高尺餘細者如彈或如拳更有巨如石臼至不能舉者人畜多擊死是年菽麥無收康熙三年四月朔諸暨雨雹八年七月初二日府城雨雹五年四月餘姚雨雹

風宋仁宗天聖中夏夜會稽暴風震電而無雨空中有人馬聲終夜方息明日禹廟人言是夜二鼓殿門關鎖忽掣開風霆自殿中起直西南去遣人驗之百

里閭林木稼禾皆偃仆明道七年秋七月餘姚大風

雨海溢溺民害稼大饑哲宗元祐八年會稽大風海

溢害稼高宗紹興五年秋七月會稽又海溢二十八

年會稽諸暨大風水平江孝宗隆興元年八月山陰

會稽大風水災乾道四年秋九月丁酉戊戌餘姚大

風雨海溢溺死四十餘人光宗紹熙四年七月會稽

大風驅海潮壞堤傷田稼夏無麥五年七月乙亥餘

姚大風海溢決堤溺死人寧宗嘉定三年八月會稽

大風壞攢宮陵殿宮牆六十餘所陵木三千餘章理

宗寶慶二年秋餘姚大風海溢溺居民百十家度宗咸淳六年蕭山大風海溢新林被虐爲甚岍址蕩無存者七年會稽餘姚大風拔木壞民居十年四月餘姚大風元成宗大德五年餘姚海溢順宗至元四年六月餘姚又海溢明洪武二十年信公湯和持節發杭紹明台温五郡之民城沿海諸鎮時會稽王家堰夜大風雨水暴至死者十四五水上有火萬炬感以爲鬼詢于習海事者曰鹹水夜動則有光蓋海水爲風雨所擊故其光如火耳王子年拾遺記云東海之

上有浮玉山山下有穴穴中有大水蕩潏火不滅爲

陰火正此類也二十一年蕭山大風捍海塘壞潮抵

于市二十六年閏六月山陰會稽大風海溢壞田廬

永樂二十一年宣德二年諸暨大風江潮至楓溪正

統七年秋餘姚海溢天順八年七月餘姚又海溢成

化七年蕭山風潮大作新林塘復壞九月餘姚大風

海溢溺男女七百餘口八年七月十七日夜會稽大

風雨拔木海溢漂廬舍傷苗瀕海男女溺死者甚衆

十三年春會稽大風雨雹大饑十三年夏六月山陰

會稽大風海水溢害稼穡十八年諸暨江潮至楓溪
弘治七年七月會稽餘姚海溢十五年七月餘姚大
雷雹雨以風海溢十七年諸暨江潮至楓溪正德二
年山陰颶風大作海水漲溢頃刻高數丈許並海居
民漂沒男女枕籍以死者萬計苗穗淹溺七年會稽
蕭山上虞海潮溢入壞民居濱海男女溺死者甚衆
餘姚大風雨震雷大水山崩文廟壞海大溢堤盡決
漂田廬溺人畜無算夜燐火被海有兵甲聲民驚大
饑食草根樹皮十三年會稽颶風淫雨壞廬舍傷稼

秋餘姚海溢十四年八月餘姚復海溢嘉靖十年三
十四年諸暨江潮至楓溪十三年七月上虞颶風淫
雨壞廬舍傷稼寡收隆慶二年元旦山陰會稽晝大
風屋瓦為震會稽縣墀折一巨栢城中數災七月二
十九日嵊雨八月初一日北風大作至夜逆溪流溢
入城中怒濤吼衝西門城并城樓俱堋倒平地水深
一丈三尺凡一晝夜水涸萬曆三年六月初一日夜
上虞餘姚大風雨北海水溢有火色漂沒田廬上虞
乃衝入城河以嚣激之有火光見五行家謂之大沴

水十五年七月嵊縣暴風禾實盡落儒學欞星石門折其左柱十七年六月初九日颶風作拔木海溢蕭山瀕江潮沒壞田禾四萬餘畝三十年七月二十三日颶風海溢潮衝內地石梁漂徙里許方沉各邑民溺死不可勝計天啓七年七月二十二日暴風雨一晝二夜嵊縣儒學殿閣樓亭盡圮崇禎元年七月二十三日大風雨拔木發屋海大溢府城街市行舟山陰會稽蕭山民溺死各數萬上虞餘姚各以萬計二年八月初九日大風雨海溢漂沒田廬

皇清順治三年八月初一日大風拔木海溢山陰會稽禾稼淹腐康熙四年七月大風雨嵊縣江水驟漲民多淹死六年六月嵊大水九年十二月初三日大風連日冰凍河不通十四日起連雪浹旬高數尺各邑皆同

地晉武帝太康九年正月諸暨地震元帝大典九年三月丁酉諸暨地震安帝義熙三年山陰地陷方四丈有聲如雷唐宣宗大中十三年會稽地震元順帝至元十三年十二月己酉諸暨地震至正十四年十

二月巳酉會稽地震明洪武三十二年二月初九日
會稽地震天順八年十二月會稽地震成化十一年
諸暨巖坑地裂十八年山陰地震弘治十八年會稽
蕭山餘姚地大震生白毛餘姚鷄雉皆鳴呴有妖民
驚晝夜禦之餘月乃息正德三年新昌地震嘉靖三
年二月山陰地震大歉米斗一錢四分三十九年二
月山陰地大震萬曆十四年餘姚地震十七年餘姚
地又震三十二年十月初八日夜半各邑地震卧榻
傾動屋舍撼揺有聲天啓三年十一月二十二日申

時蕭山地震有聲四年十月上虞地震崇禎八年餘姚地震九年十一月二十六日戌時山陰會稽地震

皇清順治九年二月十四日夜四鼓蕭山地震十一年四月初六日辰時蕭山地震有聲如雷是日又山鳴十七年十一月初十日蕭山地震二十一日二十八日皆震康熙七年六月十七日戌時各邑地震屋瓦多落門壁皆響三十日亥時地又震

山川 唐元宗天寶五載張氏墓側出泉如醴德宗貞元二十一年夏鏡湖竭山崩二十二年鏡湖竭晉高

祖天福二年治東二十五里文殊巖出泉如醴元順帝至正十六年卧龍山裂明成化十三年春瓜山裂嘉靖二十年春駱駝山鳴隆慶元年諸暨鷄冠山石隨大如巨屋至地震爲池復躍過溪乃止浣江潭中石有文曰戊辰大旱是歲旱而不甚天啓七年秋蕭山縣長河冠山之麓有茅山一夕忽光氣𢘥天人多徃覔其所見有石壁明徹如鏡山川人物畢照逾月漸晦今石尚存是年諸暨六十都岳備越山轟雷駭響搶石忽燃經時始滅

有年明弘治十年餘姚大有年嘉靖十五年餘姚有年自萬曆四年至七年新昌有年

水

晉愍帝建興元年冬十一月戊午己巳庚午餘姚大雨震電元帝大興四年七月餘姚大雨饑唐太宗貞觀二十二年戊申會稽大水元宗開元十七年八月丙寅會稽大水代宗大曆二年山陰水災憲宗元和十二年山陰會稽水害稼文宗大和二年會稽大水景祐元年八月甲戌大水漂溺居民宋仁宗景祐四年八月山陰會稽大水壞民居嘉祐六年會稽淫

雨哲宗元符二年冬十月朔餘姚江河水溢高丈餘有聲數日乃止徽宗宣和元年十一月山陰大水六年會稽大雨水溢民多流移高宗紹興三年山陰水害稼五年五月山陰諸暨水十八年山陰會稽餘姚大水二十年山陰大水漂廬舍淹沒者數百人二十七年諸暨大水孝宗乾道元年餘姚正月至四月淫雨蠶麥不登大饑大疫二年春夏會稽淫雨蠶麥不登三年秋會稽淫雨蟲生害稼五穀多腐四年七月山陰會稽諸暨大水害稼詔湖田米折帛八年五月

餘姚大雨水以風漂民居稼盡敗淳熈元年會稽海濤溪合激爲大水決江岸壞民廬溺死者甚衆三年五月會稽積雨損禾麥八年會稽大旱旣而淫雨及諸暨俱大水流民舍敗堤岸腐禾稼十年會稽淫雨大水光宗紹熈三年會稽四月霖雨至于五月四年諸暨餘姚四月霖雨至于五月壞圩田害蠶麥蔬稑寧宗慶元元年嵊溪流湍暴城爲水所嚙存者纔二三尺二年會稽大水三年九月山陰諸暨水害稼五年會稽六月霖雨至八月嘉定二年山陰餘姚大水

漂民居五萬餘家壞民田十萬餘畝三年五六月會稽諸暨大雨水溺死者衆圯田廬市郭首種皆腐五年六月丁丑諸暨水壞田廬六年山陰水六月戊子諸暨風雷大雨山湧暴作漂十鄉田廬溺死者尤多九年山陰諸暨大水十五年衢婺徽嚴暴流與江濤合汜濫於山陰會稽諸暨圯田廬害稼理宗淳祐二年餘姚大水八年秋諸暨大水詔除湖田租賑被水之家寶祐四年秋諸暨大水詔除田租景定五年會稽大水度宗咸淳二年二月會稽大水七年五月甲

申諸暨大水漂廬舍詔免租三千八十石有奇八年六月會稽水十年四月諸暨大水風板木浙東安撫使常林給二萬楮付縣折運民賴不乏食元世祖至元二十六年二月會稽諸暨大水二十九年六月諸暨大水成宗元貞二年會稽諸暨大水武宗至大三年七月餘姚大水害稼文宗至順元年會稽水明洪武三十二年蕭山大水正統八年夏諸暨淫雨害稼十四年新昌大水景泰七年五月蕭山大水會稽淫雨傷苗是秋會稽復淫雨腐禾歲饑天順四年四月

蕭山大水五年五月會稽霪雨傷苗成化七年夏秋諸暨大雨水害稼九年餘姚雙鴈鄉水溢壞田廬十二年秋七月諸暨餘姚大雨害稼餘姚水齧沒石堰塲官鹽數十萬引成化十四年新昌大水十七年十八年十九年餘姚俱大水弘治十一年夏六月餘姚境內水湧高三四尺猝平災饑正德四年五年餘姚俱大水七年秋餘姚諸暨大雨水害稼十一年冬餘姚大水無麥大饑米斗直銀一錢三分正德十四年蕭山西江塘圮大水嘉靖元年蕭山西江塘復圮二

年諸暨水六年六月蕭山淫雨西江塘壞瀕塘民居咸漂沒人畜多溺死平原皆成巨浸餘姚大水無麥苗八年諸暨新昌水十年八月餘姚大水十三年七月諸暨新昌嵊溪流漲入城中平地水深一丈新昌決東堤民死者衆十八年四月有魚涸于海際數十餘民採其肉啖之獲異物如黿狀不閱月大水衢婺嚴暴流與江濤合決堤灌于河倏入府城高丈餘並海居民淹沒伏屍蔽野蕭山西江塘壞縣市可駕巨舟大饑會稽諸暨上虞俱大水十九年秋餘姚大水

四十五年諸暨大水漂民居隆慶二年三年新昌俱大水五年新昌自秋雨至冬〻至始晴萬曆十三年五月蕭山西江塘壞潮入城爲害十五年山陰會稽蕭山餘姚上虞自秋雨至冬〻至後始晴害稼不收鹽價騰十倍歲饑十六年正月至五月霪雨無麥苗各邑貧民饑死者接踵疫癘交作十七年六月大風雨江水入内地漂廬舍害稼三十年七月大風雨海水溢山陰會稽民溺死不可勝計三十五年五月六月霪雨閏六月諸暨山出九蛟洪水泛溢老幼漂流入江

三十六年霖雨七晝夜諸暨大水民饑三十七年七月暴雨嵊大水没廬舍民多溺死四十三年六月諸暨虹見於西暴雨卽至大水腐禾四十八年夏諸暨大水瀕江民多淹死天啓七年餘姚大水崇禎元年七月二十三日大風雨海溢山陰會稽蕭山餘姚上虞諸暨皆大水府城街市行舟瀕江民溺死數萬二年八月大水害稼七年八月餘姚大水十三年秋諸暨大水害稼民饑見地中有白土爭掘食之名曰觀音粉十五年五月霪雨蕭山塘壞潮入害稼六月復

皇清順治四年七月嵊大水民多溺水康熙三年八月餘姚大水八月山陰大水害稼九年六月山陰諸暨上虞大水淹禾二十一年淫雨九旬衝決西江塘

潮水直入山會蕭三邑禾苗盡淹　恩免稅糧

康熙二十九年秋七月二十二日大雨知府李鐸念時序入秋亢陽之後必有淫潦遂不拘水則令所司開三江閘預放水三尺二十四日果霪雨連朝至八月初三日止山會蕭三縣幸閘水流通廬舍田禾得保無虞諸餘上三縣皆被水災而餘姚尤甚千山盡裂湧水流沙田禾淹沒墻垣冲倒平地水深丈餘甚至屍棺飄泊田間水際知府李鐸目擊顛連之狀憫

殮瘞寢者累刀具詳　題報蒙

皇恩蠲免本年地丁銀三萬三十二兩四錢三分給發

歷年捐贖積穀三千四百九十三石零賑給災黎得

獲更生知府李鐸憫各縣被災之後饑民鳩形鵠面

難以生全遂自典鬻衣珥首倡捐募泣請

制臺與撫軍張

藩司馬　併合屬官紳士庶得米二萬七千

餘石棉衣三千餘件三次親臨賑濟窮鄉僻壤無不

身到各邑饑民賴以存活者十餘萬人又見沿途漂

流屍棺甚多更爲憐傷蒙

藩司馬公如龍捐俸二十兩知府李鐸捐米一百四

十餘石即令各鄉附近壯年饑民每名日給工米三升盡力淹埋不特安窀魄於九泉且以延饑黎於旦夕共收埋過無主屍棺七百八十九口買棺殮埋暴露屍骸三十八口是以雖災不害

旱

晉成帝咸康元年夏六月天下普旱餘姚特甚大饑米斗直五百文人相鬻唐文宗開成四年會稽大旱宋仁宗嘉祐四年夏諸暨旱神宗熙寧八年會稽旱高宗紹興五年會稽旱久大暑人多渴死孝宗乾道七年夏餘姚大旱九年會稽餘姚旱穜稑皆盡淳

熙元年秋餘姚大旱二年秋會稽旱三年諸暨旱七年會稽蕭山諸暨大旱十四年秋諸暨大旱光宗紹熙五年會稽冬旱鑑湖竭寧宗開禧元年夏諸暨大旱嘉定十年會稽旱理宗嘉熙四年會稽旱淳祐二年夏諸暨旱元成宗大德三年會稽旱六年夏會稽旱餘姚五月不雨至于六月十一年夏五月一雨晴即大旱秋八月八日方雨六種絶收人民餓死者十八九盜賊四起人食人至不顧父子相食泰定帝泰定元年會稽旱順帝元統元年山陰會稽諸暨自正

月不雨至於七月三年諸暨旱至正三年會稽旱（總管泰不華禱雨歌并序）至正三年余守越夏六月不雨率僚徧禱羣望又不雨河流且竭歲將不登忠甚憂之父老或進曰郡有楊道士者能以其術致雲雨盍請試之余信道不篤又以百姓故遂設壇長春宮禮致道士如父老言既而天果雨獲免於饑因作歌以紀其實復以報道士昭陽協洽紀歲曹祝融司權要赤條扶桑揚燎金流膏赤熛烜赫氣鬱陶爍石焦土田莫嫥暴厓奚益衆口嗷太守何憚徒步勞陵穴制靈鰲竅雲不雨屯西郊父老走白相呼號有物爲虐肆其饕虓虓隅目出頂坳走行如風三尺高朱鬟鬣髼騁趫𧾷恢恢天網孰敢挑道士楊姓衆所褒揣攄鬼物斃阬濠稽顙致之不敢慆相與導前蒴左操靳雞巽方臛桂醪元弋霾翳曳雲梢𢘆纆怒目磔髯髦八靈效職屬韃橐奎踽趨張飛鞭桃魃蜮畢方適爾遭批拉戟撮熾火炮耕父逐囚女魃稽殲殪閃象掀魕猔[illegible]冷觥潰濤奔濤门察屌𩑈神遐邈檄佁

五星鏘雲璈祕章宣奏緘　懵頊刻六合陰陽交拔
閭少女風飀飀迅霆軒轅聲伐鼙飛霄列缺激九臯
霈澤霑足滌煎熬神情駭愕怳若醄離離禾黍綠莠
蒿歲書大有聲滔滔太守之責或可逃作歌以報衞
緋袍至正十二年會稽諸暨旱十三年十八年十九年
二十年二十三年餘姚俱夏旱明永樂十三年會稽
旱景泰七年夏餘姚旱天順元年會稽餘姚新昌旱
二年三年五年餘姚俱旱成化二十二年嵊大旱二
十三年諸暨餘姚大旱弘治七年餘姚冬十月至十
二月不雨八年餘姚正月至三月不雨十二年春餘
姚不雨十三年餘姚三月不雨至五月晦乃雨正德

元年夏餘姚上虞旱三年夏會稽蕭山諸暨餘姚新昌俱大旱十四年夏餘姚旱十五年夏餘姚旱大饑米斗直銀一錢嘉靖二年夏會稽餘姚上虞旱饑三年會稽上虞嵊大旱四年夏餘姚旱疫五年諸暨新昌大旱十八年餘姚旱二十三年二十四年合郡連年大旱湖盡涸爲赤地斗米銀二錢丐人饑死接踵鄉人挾糲一升夜歸即被刼殺於道郡縣於便民倉散穀賑饑饑民趨就食或死於道或至倉前死蓋待哺久緩不濟也三十三年諸暨旱三十八年三十九

年四十三年餘姚皆旱萬曆十六年十七年餘姚旱
二十一年餘姚旱二十六年自五月至七月不雨泉
流皆竭各邑民饑或採竹米以療天啓五年山陰會
稽蕭山諸暨皆大旱崇禎九年嵊新昌皆旱十三年
計不雨者四閱月通郡米貴諸暨民食草木十四年
夏秋遠近皆旱自十四年至十六年連歲旱民甚困
皇清順治三年四月至八月旱久河湖盡成赤地步
履往來九年諸暨旱十二年山陰會稽大旱十六年
上虞旱禾稼焦枯連年饑康熙十年通郡大旱

螟蝗　宋高宗建炎三年五月餘姚蝗暴至紹興二十九年會稽旱蝗三十年會稽螟孝宗隆興元年秋諸暨螟寧宗嘉泰二年會稽蝗嘉定九年會稽蝗理宗景定三年會稽螟淳祐三年秋八月餘姚蝗元大德十二年諸暨蝗及境皆抱竹死明正統十二年餘姚蝗弘治十四年餘姚蝗正德十二年嘉靖三年餘姚俱螟六年諸暨蝗飛蔽天八年餘姚螟害麥夏蝗害稼民禳之立秋日蕭山蝗飛入境十九年夏會稽諸暨餘姚蝗餘姚禳之輙散新昌蝗飛蔽日嘉靖二十

年諸暨蝗崇禎十一年六月十一日蝗入蕭山境無禾十二年秋諸暨飛蝗蔽天十三年山陰會稽蝗自西北來十四年諸暨蝗偏野斗米價千錢邑令錢世貴屬民以火照水蝗赴水死者十之三六月餘姚上虞蝗

皇清康熙四年五年餘姚螟薦饑六年蕭山蝗十年上虞新昌青蝥害稼新昌尤甚邑令劉作樑具白院司行府履畝勘報奏蠲稅若干冬民登山採蕨者以萬計

饑　宋高宗紹興元年山陰諸暨餘姚大饑二年會稽饑斗米千錢人食草木八年諸暨大饑民食糟糠草木殍死殆盡九年十年會稽水旱相仍民饑賑之不給死者過半十九年山陰諸暨餘姚大饑二十九年餘姚薦饑孝宗乾道元年淳熙九年諸暨饑寧宗慶元元年四年會稽饑開禧二年諸暨無麥嘉定十八年會稽饑理宗嘉熙四年諸暨餘姚薦饑元世宗至元十八年諸暨饑道殣相望成宗元貞六年六月諸暨饑大德十年諸暨大饑武宗至大元年春嵊饑餓

死者人隨食之骷髏布地泰定帝泰定元年文宗天曆二年順帝元統三年諸暨俱饑至元三年會稽大饑至正二十七年新昌大饑明景泰七年新昌饑弘治元年會稽餘姚新昌大饑二十四年會稽餘姚新昌饑十五年餘姚無麥嘉靖十二年十三年餘姚饑米斗直銀一錢萬曆十六年通郡皆大饑斗米價三錢殍死載道婦女有披華服戴簪餙而餓死者餘姚雙鴈民殺子而食十八年十九年餘姚饑二十八年山陰會稽大饑殍死無算崇禎十三年諸暨夏旱秋

水大饑斗米價五錢人食草木地中白土呼爲觀音粉食之十四年春各邑貧民聚衆入富家搶米穀有司力禁稍息蕭山下鄉人許三殺子而食官竝斃之

皇清順治三年斗米價四錢民食草木四年春上虞斗米價四錢民食榆皮土粉新昌米更騰貴七年山陰會稽大饑十八年餘姚饑

疫　宋高宗紹興元年孝宗乾道元年諸暨疫元世祖至元二十年山陰大疫成宗大德十年諸暨疫武宗至大元年會稽諸暨嵊疫順帝至正十年夏會稽大

疫二十二年又大疫明萬曆十六年十七年蕭山大疫死者無算官令僧人四郊掩胔骼逐日報數四十年五月十二日辰時諸暨有黑霧障天行人冐之即疫茹腥者必死崇禎十四年夏蕭山大疫

寒宋孝宗乾道元年二三月會稽諸暨盛寒首種敗蠶麥損明景泰五年會稽餘姚十二月大雪六年二月乃霽弘治十二年十二月餘姚大寒姚江氷合正德十三年十二月至閏十二月餘姚大雪萬曆六年冬合郡大雪寒運河氷合崇禎十四年正月大雪經

旬盛寒

皇清康熙九年十二月初三日大風連日盛寒各邑江河氷合舟不通十四日起連雪浹旬積高數尺越地古未之聞

火

晉海西公大和元年六月火燒山陰倉米數百萬斛居民數千家宋高宗紹興元年冬十月郡城大火十二月火災復作時高宗駐蹕于越部署文移多焚於火恭宗德祐二年春正月承宣使張世傑師至餘姚焚邑廟學俱燬元順帝至元二年餘姚文廟火明

弘治十三年四月餘姚江南災焚民居三千餘家傷百有八人火渡江焚靈緒山民居二百餘家嘉靖十四年上虞火災東自城隍廟西及關王廟前至縣前延燒甚衆二十一年諸暨一土人家火自發四十二年諸暨一土人家火嘗自發三月餘自息隆慶二年正月朔山陰諸暨俱火是日山陰縣災諸暨城南延燒百餘間是月山陰民間凡數災三年正月諸暨長山夜火光數十丈四年諸暨大雨二男子偶語屋中雷火忽起屋焚二男子擊死一婦人無恙人謂二男

子有譫惡云萬曆四年嵊災焚公館及民居百餘間十二年九月郡城隍廟下殿燬二十五年府大堂災二十九年正月臥龍山上城隍廟火殿宇及星宿閣俱災四十七年府城橫街火焚百餘家

皇清順治三年夏江干舊有聚衆潰走掠新昌焚官廨及民居又掠嵊入城燬民居過半順治五年各邑山賊嘯聚名爲白頭兵掠鄉村焚廬舍不絕三月上虞山賊入城焚縣廨順治七年新昌山賊入城焚官廨民居康熙十年四月府城江橋側火起燒七十餘

家七月上虞儒學前新街火

血

宋高宗建炎三年六月餘姚雨血縣治沾衣明成化十三年六月山陰福嚴夏瑄家庭中血濺地上高可二尺廣二尋有司聞于朝遣官致祭南鎮以禳之嘉靖三十一年春山陰村落有血濺于地高數尺是年倭衆入寇殺人海上以千計萬曆九年冬餘姚東門外居民蔣家樓下地出血流滿室中上濺樓板二十六年五月蕭山民賈大經家竈前地出血濺高可尺許撫院劉元霖以災異奏

人明成化十二年十二月山陰蓬萊坊馬氏生子四手正德十三年諸暨十九都楊氏妻產一孤嘉靖二十年諸暨南隅張氏妻一產四子隆慶元年諸暨東隅袁氏妻一產三男四年諸暨豐江周氏妻一產三男自萬曆至崇禎間山陰四十三都俞姓一家父子夫婦皆期頤俞概百歲妻鮑氏九十九歲子俞仕朝九十八歲婦韓氏一百四歲萬曆二十九年諸暨城西姜氏妻產子即咬其母死子亦旋亡三十年諸暨天稠鄉一婦姙十五月產子鬚髮俱白不乳食死天

曆初諸暨蔣氏妻產一女未幾變男及長仍變爲女後嫁夫孕一子而死是年春諸暨二十一都王氏妻生子有兩陰襲撫之月餘死

皇清康熙二年山陰寶盆陳氏妻一產四子十年諸暨一都民朱良妻徐氏一百三歲尚健飯

龍　明嘉靖元年夏龍晝見餘姚附子湖頭角俱見壞民居拔木害稼秋龍復晝見餘姚孝義鄉鱗甲皆見萬曆四十八年山陰有龍晝見崇禎九年七月山陰龍見尾觀者如堵

六畜 宋高宗紹興元年牛戴刀突入郡城中傷馬裂腹出腸時衛卒多犯禁屠牛牛受刃而遁近牛禍也明成化九年癸巳山陰板橋村徐堅家牛生一犢兩首兩尾八足嘉靖二十一年諸暨泰南鄉徐氏牛一產三犢二十五年春山陰謝塢民家牛生一犢亦兩首兩尾八足以上牛

明嘉靖三十三年諸暨楓橋獲青羊

皇清順治四年山陰民家羊生羔三足前二後一煮豢於江橋張神廟人不敢宰食以上羊

明成化間上虞葛川章宗有母彘生七子未七日而

母斃厥子鳴聲悲咽並有牸者聞往就乳之潼流而七子得長時慕陶吳子異其事爲之記士夫咸聲詩以嘉之嘉靖五年諸暨十二都孟氏豕產人一目有尾萬曆元年夏會稽民馬柱家產豕雙首行輒仆其明年秋丐家產豕六足而兩爲人手

皇清康熙十年山陰單港民家產豕十二皆四耳以上豕

唐懿宗咸通元年會稽有狗生而不能吠擊之無聲按狗職吠以守禦其不能者象鎮守者不能禦寇之占也元順帝至正間諸暨吳銓家犬病蹄子齕食哺之及死埋山下有花開如白

鳳仙人呼孝犬又名桃花犬〔楊維禎詩〕昔桃花孝犬開天家令桃花生子在吳家桃花子母病踣不起三子者累累若悲啼有一千虷食哺母母食之始出馳一去復一來跽母左右不一離吳老人壽期頤五葉孫斑斕衣門前荊樹不分枝庭下並蒂生靈芝吳家孝慈及草木况爾桃花爲有知猩猩梟獍兒泥塗我官室蕩裂我四維風俗日壞壞不支歌桃花作家慶吳家兒當執政桃花牲牲化梟獍　明萬曆四十四年嵊民王家生犬五足　以上犬

元順帝至正十八年三月諸暨袁彥城家一鷄伏五雛一雛有四足二足在翼下不數日死明正德十四年諸暨西隅酈煖家母鷄尾忽長二三尺如錦綬冠羽俱異人聚觀縱之長山聽其所之是年八月餘姚

民言鷄爲妖盡殺之 以上鷄

〔鳥〕唐懿宗咸通元年會稽有異鳥極大四目三足自呼曰羅 古者曰主國有兵人相食 宋太宗至道元年會稽有白鸜鵒明景泰七年秋諸暨白鸜鵒止縣舍萬曆三年新昌有錦鷄自南來止于儀門須臾飛入縣堂宿題名碑上爲守者所獲知縣田琯縱之去 以上鳥

〔獸〕元成宗大德十一年諸暨虎暴入市荒日死城隍廟後明正德六年八月虎入餘姚治城三山司巡檢高寧射殺之嘉靖三十年秋虎暴入諸暨城隆慶二

年春有虎入郡城中宿蕺山徙明眞觀道士曉開戶
攫傷之衆譁逐走千秋巷墮厠中爲諸丐所斃萬曆
十五年春餘姚虎從水門入城二十九年冬餘姚多
虎
皇清順治十六年郡城外多虎南鎮上竈尤甚傷人
百餘竟有至西郭門外者康熙九年三月嵊虎噬人
禳去之　以上虎
明宣德七年諸暨大部鄉民家狐爲祟白晝火嘗自
作狐震死始息嘉靖二十九年狐入諸暨縣衙變人

形能語言知縣王陳策捉而磔之以上孤

介屬晉武帝太康四年壬辰郡境內蟹化爲鼠食稻幾盡

蟲明成化四年新昌東門外何鑑家蠶鳴正德十一年新昌俞應肅家蠶鳴隆慶三年諸暨珠嶺民邵氏養蠶力不能喂棄之山中後皆成繭

草木唐中宗神龍二年諸暨治東五里木連理元時醴泉章在初茔白巖山下生連理木明成化三年山陰村落間李生桃實是年冬諸暨桃李花十二年春

山陰村落李樹生梔是歲隆興橋范家杏樹開花四種弘治十八年諸暨木氷正德二年冬諸暨桃李花有實者嘉靖間新昌呂光遷光新構雲在堂紫荆異枝合理三十三年上虞李樹生黄瓜天啓五年夏四月嵊民裘徹英家李樹生黄瓜長二寸許味苦後其家式微崇禎十三年餘姚文廟栢樹上見雀餳

皇清順治二年冬嵊地桃李杏俱實四年餘姚化安山松樹上有甘露 以上木

明景泰元年正月朔日新昌俞用貞庭前氷上生文

成荷花數十朶枝粤亭亭青紅掩映久之乃模糊而散成化十二年丙申山陰芥生荷花崇禎九年諸暨二都趙氏有池產五色蓮花每於日入時赤光燭天尤盛西方

皇清康熙二十三年甲子秋府治賓賢館後有黃桂一株忽發丹桂數十朶嗣是每歲易枝而發至丁卯尤盛寂東一枝絳蕚流輝與朝曦相映時郡守胡以渙自甲子下車以來桂花開四度矣皆有丹黃同榦之瑞前此未之見也因作丹黃芳桂吟寮屬紳士屬

而和者甚衆越中相傳以爲美談胡以渙詩涼生山館露華侵共榦紅黃間綠陰舞蝶尋香疑別樹飛鳥挾子自同林好收金液成仙釀堪表丹誠捧日心上苑一枝應獨貴淮南豈羨小山吟馮協一詩郡齋鈴索桂叢侵掩映井棠蔽芾陰更有一枝稱獨秀何須八樹共成林青要玉女慙無色金粟如來見此心願集淮南小山作清絃譜入會稽吟姜希轍詩蓬萊仙署月華侵叢桂蒼蒼散彩陰已羨朱霞披圭樹那期金粟醉丹林銜杯花下憐秋色落子天邊類赤心更謝高雲會賦咏和歌負愧草蟲吟余泰來詩銀霞光搖佳氣侵一枝月殿弄花陰珠圓赤芾朝仙仗翠繞金甌卜上林紅雪自能和白雪冰心還許見丹心庾公此日恆多與醉後應須秉燭吟魯德升詩何處天香入座侵一枝弄色玉堂陰黃英吐艷疑珠樹絳蕚分輝異錦林豈爲仙宮爭赤幟若因官閣表丹心賡歌自合升郊廟愧我栖栖梁甫吟顧樵詩風飄香靄入簾侵桂發奇葩覆戶陰八月黃英承玉露一枝紅蕚綴瓊林艷同妃

民饑采之充食政和五年十一月山陰承天寺瑞竹一竿七枝枝幹相同其葉圓細生花結實明成化九年竹生米萬曆二十六年諸暨竹生米每節一粒民饑采之以食呼爲箭米以上竹

金錢晉海西公太和三年山陰造縣倉得二大船船內竝實以錢鑿者馳白官司暮遣人防守甚嚴旦發之船中竟空惟錢跡而已宋徽宗政和二年十一月會稽民拾生金

雜異唐中宗神龍二年天雨毛

明洪武二十八年發卒修陂塘山陰天樂瀛湖塘掘得一物類小兒臂紅潤如生無有識者遂棄之或云此肉芝也食之延年

正德元年山陰民間驚有怪物夜入人家爲妖彌月不止其實旱魃也

嘉靖三十四年會稽有物方長如一尺廣飛空中映日作金色數鷹遶逐之時繫獄者名劉朝忠見之祝曰如祥也則墮此巳而漸近果墮獄中則吳之葺薦也禁卒持白於官知縣古文炳命祝禳之

天啓七年諸暨六十都有霹靂擣石忽燃經時始息

皇清康熙六年四月十五嵊冨順鄉雨荳七年夏秋間山陰會稽蕭山諸暨上虞餘姚地上生白毛狀似馬鬛亦間有黑毛

訛言五季晉高祖天福中越地兒童聚戲率以趙字爲語助如言得曰趙得可曰趙可相語無不然晉末趙延壽貴人將謂其應讖延壽敗謠言轉盛及宋太祖代周人始悟焉宋高宗建炎三年秋餘姚民驚竄徙村落紹興元年十二月諸暨民訛言相驚月幾望

當火樞密院以軍法禁之乃定寧宗嘉泰四年越人盛歌鐵彈子白塔湖曲冬果有盜金十一者號鐵彈子起爲亂相傳鬭死白塔湖中後獲於諸暨始就戮明成化十九年山陰會稽諸暨民訛言有黑眚至閭里晝夜驚逾月乃息弘治十三年訛言越中詔選女子一時奔娶殆盡正德三年上虞民訛言黑眚出嘉靖初年諸暨童謠云雪落霏霏家家殺個年猪蓋卒歲豐富之詞也末年不復聞三十二年諸暨楓橋民訛言一夜走竄畧盡三十七年諸暨民間訛言有眚

男女戒備夜不敢寢隆慶二年正月越地民訛言詔
選女子婚配畧盡

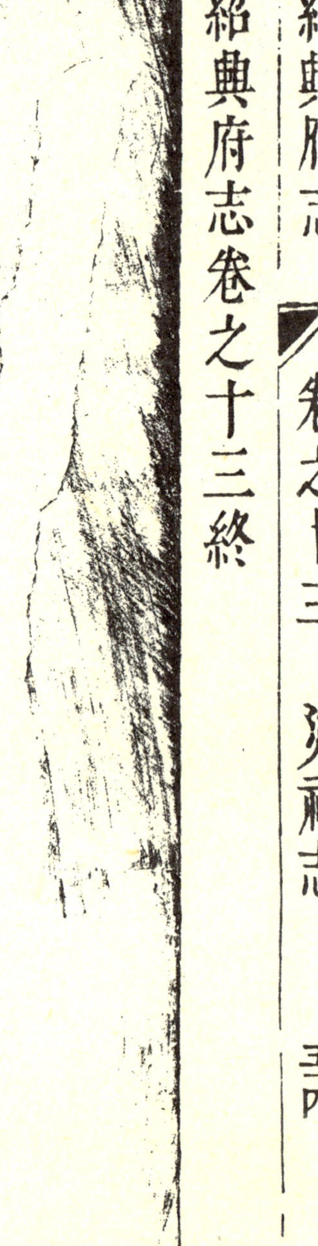

紹興府志卷之十三終

紹興府志卷之十四

田賦志一

戶口　貢　賦上

戶口　嘉泰志云舊經具錄兩漢地理郡國志晉地道記太康地志及宋齊隋唐戶口然領縣多寡與今不同是則前代戶口之數不可用於今也惟唐志載開元二十三年戶部帳可以較登耗其曰領縣七者新昌猶未置也今斷自唐始

唐開元二十三年越州戶九萬二百七十九口五十

二萬九千五百八十九

宋大中祥符四年越州戶一十八萬七千一百八十

丁三十二萬九千三百四十八

會稽戶三萬四千七十六丁三萬五千五百八十五

山陰戶二千一百七十一丁三千八百

剡戶三萬二千五百七十八丁五萬五千六

諸暨戶四萬九千六十二丁七萬七千五百六十七

蕭山戶二萬三千八十六丁三萬九千四百五十三

餘姚戶二萬一千六十三丁四萬一千九百一十三

上虞戶五千一百四十一丁二萬八千二百五十七
新昌戶二萬三千丁四萬七千七百六十七
元豐九域志越州主戶一十五萬二千五百八十五
客戶三百三十七
嘉泰元年紹興府主客戶二十七萬三千三百四十三丁三十三萬四千二十中有老幼殘疾不成丁一十萬七千七十二
會稽戶三萬五千四百六丁四萬一千七百八十一不成丁一萬四千三百四十八

山陰戶三萬六千六百五十二丁四萬六千二百二十七不成丁一萬五千七百六十七

嵊戶三萬九千七百九十二丁五萬三千五百七十七不成丁一萬七千四百七十八

諸暨戶四萬二千四百二十四丁五萬六千四百二十一不成丁一萬八千五百二十七

蕭山戶二萬九千六十丁三萬五千一百六十八不成丁九千四百七十五

餘姚戶三萬八百八十三丁三萬二千一百四十五

不成丁一萬二百三十四
上虞戶三萬三百三丁三萬三千三百一十九不成
丁四千四百五十八
新昌戶二萬八千八百二十丁三萬六千三百八十
二不成丁一萬一千七百五十五
元至元籍紹興路戶三十萬一百四十八口八十五
萬四千八百四十七
泰定籍紹興路戶二十二萬二千六百五十七口五
十四萬八千八百六十九

明洪武籍紹興府戸二十六萬七千七十四口一百三萬八千五十九

山陰戸五萬三千九百四十六口二十萬四千五百三

會稽戸三萬九千八百七十九口五萬九千四百三十九

蕭山戸二萬一千五百四十八口九萬八千一百七十四

諸暨戸三萬一千三十七口一十七萬九千六百四

十四

餘姚戸五萬一千一百八十八口二十三萬六千五十四

上虞戸三萬三十七口一十三萬一千七百三十四

嵊戸二萬八千七百六十五口九萬三千六百九十二

新昌戸七千二百六十三口二萬五千六百六十二

永樂籍紹興府戸二十七萬二千七百七口九十二萬五千六百九

山陰蕭山戶口與洪武籍同
會稽戶減七口減十
諸暨戶四萬一百四口一十六萬四千四百六十九
餘姚戶四萬四千口十四萬
上虞戶三萬四千一百一十九口八萬
嵊戶二萬二千三百八十五口七萬七
新昌戶增五百口同洪武
天順籍紹興府戶一十七萬九千八百八十七口六十三萬二千二百五十八

山陰戶三萬三百六十四口一十一萬五千六百七
十四
會稽戶二萬三千四百一十八口七萬二千五百五
十九
蕭山戶一萬八千二百一十九口九萬一百四十二
諸暨缺
餘姚缺
上虞戶口同永樂籍
嵊戶一萬八百五口四萬九千五百三十九

新昌戶四千一百口一萬一千三

成化以後籍舊郡志不載各邑或具或不具缺有間矣今述登萬曆籍者合郡戶共十六萬五千六百七十八口共五十七萬五千六百五十一

山陰戶二萬九千一百四十二民之戶二萬三千二百二十七軍之戶三千五百三十二匠之戶五百五十八竈之戶九百五十六官之戶一百二十五生員之戶一百一十六力士校尉之戶二十二陰陽之戶二十五醫之戶一十五廚之戶三十二捕之戶九弓兵鋪兵皂隸之戶一百八十九水馬驛站壩夫之戶二百八十六僧之戶二十五道之戶二十五口一十一萬五千四百九男八萬二千二百九十九婦三萬三千一百一十七

會稽戶一萬八千六百八民之戶一萬四千八十七軍之戶一千六百一十二
匠之戶三百五十四竈之戶六百九十七官之戶百
九生員之戶二百七力士校尉之戶二十八陰陽之
戶十醫之戶三十七廚之戶三十五捕之戶十五弓
兵鋪兵之戶六十五水馬驛站鋪夫之戶二百六十
七僧之戶二十
八道之戶二十
口六萬二千四男四萬六百十三婦二萬一千三百九十一
蕭山戶一萬九千四百三十民之戶一萬五千七百五十五軍之戶一千三
百八十一匠之戶二百八十五竈之戶一千二百七
十九官之戶二十九生員之戶四十力士之戶一醫
之戶五廚之戶五捕之戶四十七弓兵鋪兵皂隸之
戶百七十四水馬驛站夫之戶二百五十六外府縣
寄庄之戶九十八僧之
戶七十二道之戶三

口九萬三千一十四男六萬三千三百七十四婦二萬九千六百四十

諸暨戶一萬八千四百一十民之戶一萬一千一百三軍之戶六百五十二官之戶二十生員之戶一百六十醫之戶五捕之戶三鋪兵之戶一十五雜役之戶三百八十四僧之戶六十四道之戶五

口三萬八千六百八十四男二萬三千七百九十六婦一萬四千八百八十八

餘姚戶四萬一千八百四十七民之戶三千六百二十三軍之戶四千三百五十八匠之戶二千五十竈之戶一千五百七十六官之戶三十一生員之戶四十儒之戶五力士校尉之戶五陰陽之戶五醫之戶十一廚之戶四浦之戶一百九弓兵鋪兵皂隸之戶一百一十八水馬驛站擺夫之戶一百一十二紙槽之戶一百一十二窰冶之戶十五僧之戶三十一道之戶三

口一十五萬八千三百九十二男一十一萬二千六百一十六婦四萬五千七百七十六

上虞戶一萬九千三百一十一民之戶一萬七千八百八十軍之戶九百四十匠之戶三百一竈之戶一百九十陰陽之戶五捕之戶三僧之戶二十五道之戶三

口三萬五千六百三十八男二萬三千二百五十九婦一萬二千三百七十八

嵊戶一萬一千六百五民之戶九千九百八十五軍之戶一千二百七十一匠之戶二百二十九官之戶一十二生員之戶二十九醫之戶一十三捕之戶四弓兵皂隸之戶三十三水馬夫之戶三十六窰冶之戶三

口五萬八千七百一十七男四萬一千二百三婦一萬七千五百一十四

新昌戶七千三百四十五民之戶六千四百七軍之戶五百一十九匠之戶六十四官之戶三十三生員之戶二十四陰陽之戶五醫之戶五捕之戶二十水馬驛站之戶三十僧之戶一十六樂人之戶一十二

口一萬三千三百一十六男八千八百婦四千五百一十六

皇清康熙籍合郡戶共十六萬七千三百三十一口

共六十七萬六千五百九十七

山陰戶三萬一百七十二舊有民戶軍戶匠戶竈戶官戶生員戶力士校尉戶陰陽戶醫戶廚戶捕戶弓兵舖兵皂隸戶水馬驛站壩夫戶僧戶道戶諸名色不一今惟別以紳戶衿戶民戶竈戶

口一十一萬五千二百十男八萬二千五百五十五婦三萬二千六百五十五

會稽戶一萬八千七百八十七舊有民戶軍戶匠戶竈戶官戶生員戶力士校尉戶陰陽戶醫戶廚戶捕戶弓兵舖兵戶水馬驛站遞夫戶僧戶道戶諸名色不一今惟别以紳戶衿戶民戶竈戶

口六萬二千七百六十八男四萬一千二十一婦二萬一千七百四十七

蕭山戶一萬九千四百二十舊有民戶軍戶匠戶竈戶官戶生員戶力士戶醫戶廚戶捕戶弓兵舖兵皂隸戶水馬驛站夫戶外府縣寄莊戶僧戶道戶諸名色不一今惟别以紳戶衿戶民戶竈戶

口九萬三千九百四男六萬三千三百六十婦三萬五百四十四

諸暨戶一萬八千五百六十一舊有民戶軍戶官戶生員戶醫戶捕戶鋪兵戶雜役戶僧戶道戶諸名色不一今惟別以紳戶衿戶民戶竈戶

口十一萬二百二十三男八萬三千四百一十六婦二萬六千八百六

餘姚戶四萬一千八百五十九舊有民戶軍戶匠戶竈戶官戶生員戶儒戶力士校尉戶陰陽戶醫戶尉戶捕戶弓兵鋪兵皂隸戶水馬驛站壩夫戶紙槽戶窰冶戶僧戶道戶諸名色不一今惟別以紳戶衿戶民戶竈戶

口一十五萬四千七百八十三男一十萬五千五百八十六婦四萬九千一百九十七

上虞戶一萬五千二百一十三舊有民戶[illegible]戶匠戶竈戶陰陽[illegible]捕戶鋪

戶道戶諸名色不一今惟別以紳戶衿戶民戶竈戶

口六萬八千九百三十八（男四萬四千二百五十九　婦二萬四千六百七十九）

嵊戶一萬八千四　舊有民戶軍戶匠戶官戶生員戶醫戶捕戶弓兵皂隷戶水馬夫戶窰冶戶諸名色不一今惟別以紳戶衿戶民戶竈戶

口五萬八千七百三十二（男四萬一千二百一十八　婦一萬七千五百一十四）

新昌戶五千三百一十五　舊有民戶軍戶匠戶官戶生員戶陰陽戶醫戶捕戶水馬驛站戶僧戶樂人戶諸名色不一今惟別以紳戶衿戶民戶其賤者樂人戶

口一萬二千三十九（男八千八百　婦三千二百三十九）

康熙五十二年三月十八日

上諭海宇承平日久戶口日繁地畝並未加廣宜施
寛大之恩共享恬熙之樂嗣後直隷各省地方官遇
編審之期察出增益人丁止將寔數另造清册奏聞
其徵收錢糧但據康熙五十年丁册定爲常額續生
人丁永不加賦仍不許有司于造册之時藉端需索
用副朕休養生息之意於是各直省郡縣將新增人
丁寔數繕造清册名爲
盛世滋生戶口册奏
聞而紹興亦增萬有餘口

山陰縣增益人丁一千二百七十六口

會稽縣增益人丁一千四百七十口

蕭山縣增益人丁三千六百一十九口

諸暨縣增益人丁一千八百四十一口

餘姚縣增益人丁一千五百一十九口

上虞縣增益人丁四千四百一十一口

新昌縣增益人丁四百九十一口

嵊縣增益人丁一千四百三十八口

貢

會稽於禹貢屬揚州貢金三品金銀銅瑤琨石之美似玉者

篠材中於矢之笴 簜材中於樂之管亦可爲符節 齒象之齒 革犀兕之革 羽毛不知幾種鳥獸 惟木楩梓豫章之屬 鳥彝卉服葛木綿之屬 厥篚織貝錦名 厥包橘柚錫貢周禮職方氏揚州其利金錫竹箭古揚州境兼今江浙福廣及南直隸淮安以南地所云金玉犀象之屬似出交廣惟竹箭則會稽產而織貝間亦有之漢書地理志及東京以後諸史土貢雜物無登載建武時光武因陸閎所著越布單衣敕會稽郡常獻此則所謂錫貢者也舊志載唐貢十二種 編紋紗 輕容生縠花紗 寶花紋等羅 白編交梭

十樣花紋等綾　吳絹　丹砂　石　蜜橘　葛粉　瓷器　紙　筆　宋祥符圖經元豐九域志貢五種　綾二十疋　排花紗十疋　輕容紗五疋　表紙千張　瓷器五十事　南宋貢二種　輕容紗五疋　越綾十疋

元貢有玉面貍　貉皮其餘不詳

明貢茶會稽三十斤路費銀二十兩　每歲四月輸禮房吏一人解京　嵊十八斤貼路費銀六兩附會稽縣解　餘姚茶先年亦有貢後以其味薄罷之

此外貢食味則有兔　鴈　鷓鴣　玉面貍　藥材則有白朮　茯苓　半夏　芍藥　乾木瓜　器用雜料則有雜色皮　弓　箭　弦　翎　絲　顏料畢備曆日紙則有黃紙　白紙今食味久廢貢而藥材器用等多類派人額辦銀內起解鮮以本色貢矣

櫻桃　蕭山舊有貢正統八年中官來摘取重索賄知縣蘇琳抗不與爲所訐詔械繫至京琳辭直得宥復任自後免貢

皇清貢額會稽茶三十斤路費銀二十兩每歲四月輸禮房

吏一人解京　嵊十八斤貼路費銀六兩附會稽縣解其食味藥材器用等派入額辦銀內起解不頁本色

賦

唐以前無所考錢氏有吳越時兩浙田稅畝三斗宋太平興國中錢氏國除朝廷遣王贄均兩浙雜稅贄乃令畝出一斗比還詔責其擅減稅額贄對曰畝稅一斗者天下通法兩浙既爲王民豈當復循僞國之法上從之自後畝稅一斗祥符籍土田山蕩合郡共六百一十二萬二千九百五十二畝七分入釐入毫而不載稅額施宿志成於嘉泰元年頗具稅額焉

宋賦夏戶人身丁錢歲額三萬六千七百六十五貫二百六十九文足（會稽）四千六百一十一貫四百三十文（山陰）五千一百三十七貫八百一十三文（剡）五千八百八十九貫八百五十文（諸暨）八千四百三十七貫一百五十文（蕭山）二千四百五十六貫六百六十六文（餘姚）三千三百三十一貫八百六十文（上虞）三千二百九十八貫二百文（新昌）三千六百一十二貫三百文

紬歲額九千一百六十四疋三丈八尺四寸三分（會稽）一千四百六十九疋二丈二尺一寸五分（山陰）一千八百二十八疋一丈三尺七寸（剡）九百二十疋二丈六尺三寸（諸暨）一千四百五疋三丈八尺三寸（蕭山）九百八十七疋一丈八尺八寸（餘姚）九百二十九疋一十二尺五寸八分（上虞）一千三百三十五疋三丈七尺（新昌）二百八十七疋二丈九尺六寸

絹歲額九萬八千二百四十六疋四尺五寸（會稽）一萬一千一百六十六疋二尺七分（山陰）一萬七千六百九十四疋三丈八尺九寸（剡）一萬一千三百六十七疋三丈二尺六寸（諸暨）二萬八百二十疋二丈二尺（蕭山）一萬三十八疋四尺一寸七分（餘姚）一萬一千八百一十疋三丈七尺（上虞）一萬三千九十九疋二丈一尺（新昌）二千二百四十八疋一丈六尺七寸六分

綿歲額五萬八千九百八十一屯四兩四錢八分九釐七毫五絲（會稽）七千七百四十二屯二兩五錢九釐七毫五絲（山陰）九千一百二十二屯四兩三錢八分五釐（剡）五千九百七十七屯一兩六錢五分（諸暨）一萬一千五百二十九屯三兩四錢八分（蕭山）五千九百二十九屯四兩三分（餘姚）六千六十八屯四兩（上虞）六千九百七十二屯二兩二錢五分五釐（新昌）五千六百三十九屯一錢九分

秋苗米歲額二十四萬九千二百二十石五斗六升七合九勺會稽二萬五千六百四十二石八斗六升六合一勺山陰四萬五千五百三十一石六斗九升九合三勺剡一萬九千九百二十七石四斗一合九勺諸暨三萬四千二百九十七石六升三合一勺蕭山二萬三百七石八斗三升一合七勺餘姚二萬一千六百七十二石七勺上虞三萬四千五百一十七石一斗九升一合五勺新昌六千六百五十九石五斗一升七合五勺

宋時舊額之外創增和買寶慶續志云太宗時馬元方爲三司判官建言方春民乏絕時預給官錢貸之至夏秋令輸絹於官故曰和買然在昔止是一時權宜措置乞于一歲之間或行於一郡邑而已祥符中

王旭知潁州因歲饑出庫錢貸民約蠶熟入輸一縑其後李士衡行之陜西民以爲便至熙寧新法之行乃施之天下示爲准則是時會稽民繁而貧所貸最多後來錢既乏支所買之額不除遂以等户資産物力而科配焉然會稽爲額獨重於他處大爲民病建炎三年九月二十四日御筆朕累下寬恤之詔而迫於經費未能悉如所懷今聞東南和預買絹其弊尤甚可下江浙減四分之一以寬民力紹興遂獲減免如詔旨紹興二年九月十七日守臣朱勝非又有請

詔蠲免十分之一紹興八年二月二十八日以此科和買太重又減一萬匹其累減如此其數尚一十四萬六千九百三十八匹淳熙中提點刑獄張詔乞用畝頭均科奏狀云浙東七州歲發和買二十八萬匹紹興一府獨當一路之半詔不知此是累減之數向來何止當一面之半耶淳熙八年閏三月一日指揮除豁德壽宮延祥莊泰寧寺并兩攢宮及諸縣耕牛賃牛所科二千六百五十三匹三尺三寸淳熙十六年八月二十三日又特減四萬四千三百八十四匹

三丈六尺七寸遂以十萬疋爲額内本色七萬九千三百八十一疋三尺九寸折帛二萬六百二千八疋三丈六尺一寸（會稽）一萬三千二百四十三疋九尺二寸（山陰）一萬四千七百四十三疋二丈七尺九寸（嵊）一萬七千九十八疋二丈二尺五寸（諸暨）一萬八千八百五十五疋二丈二尺四寸（蕭山）一萬四千二百六十一疋八寸（餘姚）七千七百疋七尺（上虞）七千二百九十七疋三丈五尺八寸（新昌）六千七百九十九疋三丈四尺四寸

役錢一十六萬七千九百二十八貫九百五十文（會稽）一萬八千七百四十三貫八十八文（山陰）二萬二千一千三貫九十八文（嵊）二萬一千九百七貫七百二十文（諸暨）二萬六千三百七十八貫八十一文（蕭山）一萬三千九百一貫四百一十文（餘姚）三萬九千四十四貫五百七十七文（上虞）一萬三千九百五十一貫九百八十六文（新昌）一萬一千九百八十八貫九

百八十文

水陸茶錢八千八貫二百三文會稽二千八百八十八貫六百五十八文山陰一千八百五十一貫三百一十六文嵊七百四十貫一百一十七文諸暨八百二十貫文蕭山三百二十二貫三百三十三文餘姚二百九十二貫九百一十三文上虞八百五十二貫八百六十六文新昌二百三十一貫文

小綾二千五百疋折錢一萬五千四百一十二貫五百文會稽二百五十疋折一千五百四十二貫二百五十文山陰二百五十疋折一千五百四十二貫二百五十文嵊二百五十疋折一千五百四十二貫二百五十文諸暨六百疋折三千七百一貫四百文蕭山六百疋折三千七百一貫四百文餘姚二百疋折一千二百三十三貫八百文上虞二百疋折一

千二百三十三貫八百文（新昌）一百五千足折九百二十五貫三百五十文

湖田米六萬六千三石七斗四升三合一勺（會稽）二萬六千二百六十四石五升（山陰）三萬二千六百八十九石五升三合一勺（諸暨）四千二百一十石三斗二升（蕭山）二千八百四十石三斗二升

職田米一萬五千九百九十九石五斗（會稽）四千六百二十一石九斗四升（山陰）四千二百八十四石九斗（嵊）三百三十三石七斗（諸暨）一千四百一十一石五斗八升（蕭山）二千八百八十六石九斗七升（餘姚）一千八十五石四斗七升（上虞）一千三百七十四石九斗四升

折變錢會稽免先是紹興三十二年本府奏會稽縣十七十八十九都皆攢官所在請有以寬恤之詔會

稽三都人戶二稅不得支移折變常賦外免其他差使至隆興二年本府又申浙東和買本府旣重而會稽視諸縣爲尤重欲乞用永安縣優䘏舊例盡蠲一縣支移折變詔從之

折帛錢三十三萬四百三十二貫六百二十八文係將人戶鹽稅紬綿絹丁鹽和買絹數內科折每紬一疋折納一丈三尺三寸綿一兩折納五錢丁鹽稅絹一疋折納八尺和買一疋折納一丈和買每疋折錢六貫五百文他絹若紬每疋並折七貫文綿每兩並

耗折四百六十文（山陰）六萬四千一十五貫一百八十文（會稽）九萬三千五百三十四貫五百三十五文（諸暨）七萬五千五百三十七貫一百二十六文（蕭山）四萬三千六百六十八貫四百八十四文（餘姚）三萬五千五百七十六貫六百五文（上虞）二萬九千三百一十三貫八百文（新昌）一萬八千七百八十六貫八百九十八文

折紬綿四萬一千五百三十一兩每紬一疋數目折納一丈三尺三寸以綿一十七兩折紬一疋惟山陰以折帛之餘盡折爲綿不輸本色蓋會稽既免折變當時折紬之綿無自出又不欲偏科他邑故盡以歸山陰麥及糯米亦然故山陰折變視他邑爲重（山陰）一萬

二百兩（嵊）五千二百一十九兩（諸暨）七千七百八十六兩（蕭山）五千七百四十六兩（餘姚）五千七百九十七兩（上虞）五千六百二十七兩（新昌）一千一百五十六兩

折稅絹麥六千六百九十九石三斗六升一合諸縣科數等第不同然皆以二石四斗一升折絹一疋（山陰）一千六百三十三石三斗四升（嵊）二百九石五斗（諸暨）七百二十石（蕭山）一千一百四石九斗九升（餘姚）一千六百四十二石七斗九升六合（上虞）一千二百八十九石九斗五升（新昌）九十七石七斗八升五合

折苗糯米一萬九千六百六十二石八斗三升八合諸縣科數等第不同然皆以一石折苗一石一斗七升（山陰）五千一百石一斗八升（嵊）四百八十三石四斗（諸暨）三千九百一十石六斗一升（蕭山）二千九

百四十八石二斗八升九合〔餘姚〕三千三百三十[illegible]八斗八升六合〔上虞〕三千六百三十五石四斗七升三合〔新昌〕二百五十四石

課利〔都稅務〕祖額五萬四千八百三貫二百一十四文遞年六萬二千二百五十六貫九百五十九文〔嵊〕祖額二千五百九十三貫七百二十一文遞年趂到三千五百五十一貫六百七十七文〔諸暨〕祖額八千六百八十一貫二百一十五文遞年趂到四千八百一十八貫三百七十八文〔蕭山〕祖額三千五百七十一貫三百一十文遞年趂到五千七百九十五貫七百一十八文〔餘姚〕祖額四千九百七十三貫四百九十九文遞年趂到三千四百七十六貫九十五文〔上虞〕祖額四千六十一貫四百九十一文遞年趂到二千八百八貫二十六文〔新昌〕祖額二千五十一貫一百八十四文遞年趂到九百五十八貫四十四文〔錢淸場〕祖額七千六百六十九貫七百五十七文遞年趂到一千九百四十五貫五百三十八文〔曹娥

塲祖額五千六百七十三貫一百五十一文遞年趂到六千二百八十五貫五百一十六文三界塲祖額三千四百八十六貫七百四十二文遞年趂到一千五百四千四貫二百八十四文蛟井塲祖額一千七百八十三貫一百二十六文遞年趂到一十七百四十三貫四百三十九文楓橋塲祖額一千九百五十五貫六十七文遞年趂到三千九十貫五百六十九文新林塲祖額一千三百一十貫七十六文遞年趂到一千一百三十九貫一百二十六文溪山塲祖額四百八十三貫六百三十八文遞年趂到九百八十一貫二百一十七文漁浦務祖額二千六百七十三貫五百八文遞年趂到四千九百一十九貫四百二十八文

鹽四塲每歲買納錢清五千一百一十九石九斗八升曹娥一萬七千八十三石四斗一升三江二萬二千五百五十五石八斗二升石堰六萬三千四百二十三石六斗

八縣每歲住買（會稽）二千二百五十斤（山陰）二千二百五十斤（嵊）二萬四百斤（諸暨）八萬二千五百斤（蕭山）二千七百斤（餘姚）二千七百斤（上虞）八千七百斤（新昌）四千八百斤

茶八縣每歲批發任賣（會稽）批發二萬三千三百二十斤任賣九百二十斤（山陰）批發七千七百斤任賣六千四百一十斤（嵊）批發二百斤任賣五千四十斤（諸暨）批發無任賣六千一百三十斤（蕭山）批發一百斤任賣六千八百五十斤（餘姚）批發一萬四千六百斤任賣三百斤（上虞）批發六百斤任賣六百斤（新昌）批發無任賣四百五十斤

酒（都務）祖額二萬五千三百三十四貫七百八十七文（比較務）祖額一萬五百五十六貫一百六十一文（贍軍務）祖額二萬五百二十七貫八十文（和旨樓）祖額六千三百三十三貫六百九十八文（嵊）祖額一萬二千七百七十四貫九百二文逓年趂到四千五百八十六貫六百六十六文（諸暨）今屬戶部（蕭山）祖

額一萬七千二百九十六貫五百十九文遞年趂到九千五百四十一貫二百四十文（餘姚）祖額一萬九千七百二十四貫七百二十文遞年趂到四千五百三十四貫七百五十文（上虞）祖額九千六十六貫三百七十文遞年趂到五千五貫五十三文（新昌）祖額六千五百二十一貫二百二十一文遞年趂到二千七十三貫八百三十九文（漁浦）祖額一萬五千二百九十五貫六百一十九文遞年趂到五千四百九十四貫四十九文

經總制錢始於宣和三年發運使經制兩浙東南財賦陳遘乞於東南諸州權添賣酒賣糟并典賣田宅稅契錢并添收樓店務白地三分錢官員添給頭子錢並充經制及建炎初總制使翁彥國乞將諸州酒

稅牙契官錢分隸入總制司而發運判官霍蠡請置一二云戶部郎官王敦書請置未詳紹興十年詔委逐州通判專一主管經總制錢如監司州縣擅行兌借拘截取撥侵移互用不以赦降原減

經總制立額之初一切趣辦所至因於太重淳熙十六年因言者有請上命臺諫及戶部長貳參詳減額且命諸路監司取十年增虧數開申是年八月有旨紹興府經總制錢各減三萬貫後額即其已減者若總制則得十之四猶有可取名數經制雖多方科取僅得十

之六歎歲又不能及此宮陵園廟營繕等費及南班宗室忠順官等俸皆仰以給當以時辦至於起發降本七萬貫當不能足蓋高額實無所收而七萬餘貫蠲減不盡雖歲以聞於朝未報也

經制錢一十九萬七千八百一十九貫一百文

總制錢二十一萬一千四百一十貫一十四文

添收頭子錢二萬七千二百六十四貫六百二十三文先是正錢一貫收頭子錢一十五文并直達綱頭子錢一十五文既而增收頭子錢一十二文凡四十二文以二十八文五釐爲經制錢七文爲總制錢五文五分爲移用錢一文九分五釐爲州公使錢五

分爲提刑司公使錢乾道中又增頭子錢十三文皆入總制此其所謂分隸之數也

增收朱墨勘合錢四千九百二十七貫八百二十二文二項係乾道元年十月二年九月增添每年附總制帳起發

元至元籍田地山蕩紹興路共六百二十五萬七千七百四十畝五分四釐七毫

泰定籍夏稅鈔一萬九千六百七十貫九文五分九釐

秋糧米一十三萬四千六百三十一石三斗六升七

合五勺

租鈔六百七十五貫六十五文三分九釐

酒醋課鈔二萬七千三十五貫五文七分九釐

稅課鈔四萬七千六十五貫三文二分七釐

茶課鈔四千一百四十貫三十四文一分一釐

曆日鈔四千一百九十貫八十三文五分

店地鈔一萬五千六百一十貫三十二文四分七釐

鹽課數缺

明洪武籍合府田地山蕩池塘漊共六萬五千一百

七十一頃五十五畝四分三釐四毫

山陰田地山蕩池塘漊共一萬四千四百九十頃二十七畝二分三釐三絲一忽

田五千八百二十四頃六十畝七分四釐二毫四絲九忽

地八百四十五頃八畝五分七毫七絲三忽

山七千七百八十五頃九十九畝三分一釐一毫八絲九忽

蕩二十頃八十一畝八分二釐四毫

池二頃二十八畝六分五釐五毫五絲
塘一十頃四十七畝九分九釐八毫七絲
漊一分九釐
夏稅麥一千七百九石二斗四升六合八勺鈔一千
六百五十一貫八百八十七文幣帛絹一疋
秋糧米一十一萬二千五百八十二石租鈔二萬三
千五十二貫五百八十九文官房賃鈔一百八貫四
百三十文
農桑七千一百五十七株該絲二十三斤一十四兩

每絲一斤二兩折絹一疋共絹二十一疋
會稽田地山蕩池塘溇共七千三百五十一頃五十
二畝二分二釐
析分畝數及兩稅農桑額數俱缺
蕭山田地山蕩浜瀝港溇共五千八百二十二頃九
十四畝五分九毫六絲
析分畝數缺
夏稅麥一千五百七十七石九斗九升八合六勺稅
鈔一千二百七十八貫四百九十四文

秋糧米三萬九千一百三十石九斗六升六勺

諸暨田地山蕩塘共一萬五百四十六頃五十一畝六釐七毫

析分畝數缺

夏稅麥二千一百九石五斗一升一合五勺鈔六千五百四十貫三十文一分荒絲五百三十四兩

秋糧米三萬三千二百七十二石七斗九升八合二勺租鈔七百九十一貫九百二十六文賃錢三百八十三貫三百三十文

餘姚田地山蕩共八千五百四頃四十一畝四分一
釐八毫六絲
田五千八百一十五頃七十七畝九分五釐七毫三
絲
地七百七十二頃一畝三分五釐一毫三絲
山一千九百四頃七十五畝一分八釐
池七十一畝七分二釐六毫
蕩一頃一十五畝二分四毫
夏稅麥二千九百四石九升二合八勺鈔五千九百

七十四貫五十七文

秋糧米五萬六千三百三十五石九斗一升四合二

勺鈔四千二百四十貫一百一十三文

上虞田地山蕩池塘共八千九百八頃四分一釐

田三千九百一十九頃二十一畝二分九釐一毫

地八百四十六頃九十畝六釐二毫

山四千一百二十八頃一十四畝四分七釐五毫

池九頃一十七畝一分五釐

蕩三頃六十二畝九分二釐五毫

塘九十四畝五分七毫
夏稅麥五百四十三石四斗九升五合一勺鈔一千
四百一十四貫三百三十文麥苗一千二百七十五
石三斗五升六合九勺
秋糧米三萬九千六十四石六斗九升八合九勺租
鈔一萬二千四十九貫一十三文賃房鈔一百三十
七貫九百六十三文
嵊田地山塘共六千四百八十八頃一十六畝五分
七毫

田四千一百一十六頃五十二畝六分八釐六毫

地一千五百五十三頃九十三畝六分六釐八毫

山九百六十一頃七十三畝七分四毫

塘五十五頃九十六畝四分四釐四毫

夏稅麥三百九十二石七斗六升九合四勺苗麥四

百二十八石六斗二升四合八勺鈔七百九十一貫

一百九十三文

秋糧米一萬七千七百八十石八升二合九勺租鈔

七千四百三十九貫五百一十九文貫房鈔一百一

十四貫三百二十五文

新昌田地山塘共二千九百九十九頃六十八畝四分三釐

田一千九百四十五頃九十三畝四分三釐

地五百五十五頃八十一畝零

山四百九十七頃八十三畝零

塘一十一畝零

兩稅額數缺

以上田數稅額俱本舊郡邑志所具者錄之條例頗

不一總數亦不甚合具大略使觀盈縮者有考云爾

永樂以後益參差多牴牾今略不載載登萬曆之籍

者以十三年爲準

明萬曆十三年合府田地山蕩池塘溇浜瀝港共六十

萬七千二百六十三頃九十九畝九分三釐三毫九

絲一忽

田三萬八千七百二十六頃一十五畝六分八毫八

絲六忽

地六千二百二十一頃九十一畝六分四釐一絲九

忽

山二萬一千二百二十頃四十畝四分四釐九毫六忽

蕩六百一頃二十二畝七分八釐六毫

池一百三十七頃八十六畝六分三釐四毫三絲

漊六畝七分二釐四毫

塘三百一十六頃一十一畝二分一釐二毫

浜二十頃七十八畝九分六釐五毫

瀝一十八頃三十六畝五分六一釐四毫五絲

港一頃九畝四分

山陰縣田地山蕩池共一萬五千七十一頃四十一畝三分八釐六毫

田六千二百一十七頃四十七畝二分七釐四毫內萬曆十年丈出田三十七頃三十四畝三分四釐淸出田八十七畝四分二釐一毫〔夏稅麥〕每畝二升七合三抄〔稅鈔〕三文〔秋糧米〕鑑湖鄉田一千二百四十九頃八十四畝六分八釐八毫每畝一斗五升六合中水鄉均田二千九百一頃七十八畝四分二釐九毫每畝一斗二升七合八勺水鄉下則均田三百五十二頃三十五畝三分五釐三毫每畝一斗二升六合沿山鄉田二百三十九頃三十三畝四分二釐四毫每畝一斗二升四合江北鄉田九百二十七頃一十七畝二分一釐一毫每畝九升六合天樂鄉田五

百四十六頃四十畝六釐九毫每畝六升六合內沿山鄉田派北折六升七合八勺一抄其餘田本色輕重折俱一槩均派〔兵餉〕每畝五釐不分腴瘠八縣俱同〔折丁〕鑑湖等鄉熟田俱十畝一丁江北鄉十五畝天樂鄉二十畝又學田五十八畝每畝科麥七合八勺二抄鈔六百五十文七分米二升九合九勺八抄送學支用不入經費

地五百二十七頃五十七畝五分九釐七毫內萬曆十年丈出地一十五頃七十八畝六分四釐六毫清出地四頃七十四畝一分三釐七毫〔秋糧米〕湖中鄉地三百三十八頃七十六畝五分九釐九毫每畝一斗二升六合沿山鄉地七十頃五十七畝一分三釐九毫每畝一斗二升四合江北鄉地四十九頃九畝二分三釐三毫每畝九升一合天樂鄉地六十九頃一十四畝五分二釐六毫每畝四升三合俱北折〔兵餉〕三釐八縣同〔折丁〕五十畝

山七千七百七十九頃八十八畝六分九釐二毫內萬曆十年丈出一十二頃七十三畝二分一釐七毫外攺正虛糧剗去山一頃三十五畝六分六釐六毫官山一十二頃六十畝八釐五毫（秋租鈔）每畝三十五文二分（兵餉）一釐八縣同（折丁）百畝

蕩五百九頃三畝九分五毫內萬曆十年丈出一十五頃九十二畝三分三釐三毫清出二十八畝八分二釐八毫麗公池官蕩二十九畝一釐二毫（蘇課鈔銀）每畝四釐（折丁）百畝

池三十七頃四十三畝九分一釐八毫內萬曆十年丈出池四頃六十一畝七分二釐三毫二絲清出池一頃七十三畝五釐九毫（秋糧米）湖中鄉池一十五頃九十四畝七分七釐四毫每畝一斗二升六合沿山鄉池五十七畝四分六釐每畝一斗二升四合江北鄉池四頃六十四畝八分一釐三毫每畝九升一合天樂鄉池一十六頃二十六畝八分七釐一毫每畝四升三合

俱北折(坼丁、五十畝

會稽縣田地山蕩池塘漊共七千二十五頃四十五畝二分七釐三毫

田四千三百七十八頃七十九畝八分八釐五毫內嘉靖二十六年十月六日知縣張鑑丈量田內取會稽田之在嵊界者歸於嵊共九百九十六畝七分三釐四毫外取嵊田之在會稽界者歸於會稽凡五千畝視舊增四千三百三十畝二分六釐六毫時爲田四十萬一千四百二十八畝五分四釐七毫七絲一忽訖量復於嵊界所歸田五千畝中得隱田七百一十一畝九分四釐於槩縣田中得隱田二萬六千二百九十九畝七分五釐一毫三絲九忽於墾地中得新田九千二百三十三畝一分四釐八毫九絲萬曆十年又丈出山田一十八頃六十七畝八分八毫首出田一十九

畝五分一釐淤出田一十七頃九十八畝七分四釐四毫外奉文劃去虛糧田一十五頃一十七畝復還學田三十六畝劃復成地田一十七頃九十五畝二分八釐改蕩一頃二十六畝五分七釐九毫改池九十八畝七分五釐三毫壅塞成山五畝九分九釐八毫（夏稅麥）二合二勺（稅鈔）三文七分（秋糧米）每畝均科一斗一升八合八勺內水田三千一百四十八頃八十二畝一分四釐俱徵本色二升北折田一百一十四頃八畝一分二釐一毫二升上北折田一十四頃一十一畝一分一釐三毫三升北折田一十三頃一十二畝八分六毫四升北折田八頃九十一畝五分一釐四升上北折田五十五頃三十五畝九分一釐五毫五升北折田九十八頃三十六畝四分二釐五毫七升北折田二十五頃七十八畝五分除合得準輕折之外其剩數俱照本田派徵本色及諸重折山鄉全折田七百四十五頃八十五畝三釐六毫海塘全折田八十七頃六十三畝三分二釐一毫俱準輕折九湖山塘全折田六十六頃七十五畝三分每

畝三升二合亦準輕折〔折丁〕水田十畝二升等折并山鄉田俱十三畝湖患田二十畝海患田十五畝又學田九十六畝每畝科麥二合二勺鈔三文七分米一斗一升八合八勺

地三百八十七頃三十四畝七分四釐五毫内嘉靖二十六年收歸嵊地二百五十八畝九分二釐二毫萬曆十年丈出地一十八頃一十二畝九分一釐七毫田剗復成地一十七頃九十五畝二分八釐首出地三十七畝五分八釐五毫淤出地三頃二十四畝九分九釐五毫外剗去虛糧地三頃八十六畝一分六釐三毫改山六十八畝三分一釐四毫改池二畝六分五釐〔夏稅麥〕每畝一合二勺六抄〔稅鈔〕七十五文〔秋糧米〕水地二百六頃二十四畝一分九釐四毫每畝六升七合五勺山地一百七十四頃三十六畝七分三釐一毫每畝二升三合二勺全荒地六頃九畝每畝二升三合五勺五抄〔折丁〕水地五十畝全荒地八十畝山地七十畝又開元寺等地六十四畝八分二釐

租鈔每畝三百七十六文

山二千二百四十三頃五十七畝一釐五毫內嘉靖四十四年丈出五頃一十畝田壅塞成山五畝九分九釐八毫地剗復成山六十八畝三分二釐四毫外剗去虛糧山五頃三十八畝八分（租鈔）每畝三十九文二分三釐（折丁）百畝

蕩九頃八十五畝一分八釐四毫內萬曆十年甲剗復成蕩一頃二十六畝五分七釐九毫（秋糧米）每畝二升七合（稅鈔）五十六文（折丁）并池塘漊俱五十畝

池四頃五十七畝六分七釐七毫內萬曆十一年丈出川七十七畝六分六釐九毫田剗復成池九十八畝七分五釐三毫地剗復成池二畝六分五釐（秋糧米）并塘漊每畝俱二升一合（租鈔）俱五十六文

塘一頃二十四畝四釐四毫內萬曆十年丈出塘六十八畝五分六釐一毫

漊六畝七分二釐四毫內萬曆十年丈出四畝八分二釐七毫

蕭山田地山蕩池浜瀝港共五千九百七十頃八十五畝一分六釐六毫

田三千八百六十三頃九十一畝五釐四毫內萬曆十年丈出田一百三頃六十八畝九釐五毫淤出田九十畝三分七釐六毫外劃復成地三頃四十八畝二分五釐九毫夏稅麥〔每畝均科四合九抄〕秋糧米〔由化昭名等鄉田一千二百九十四頃二畝四分八釐九毫新義鄉田一百三十頃七十三畝一分一釐三毫每畝俱九升三合五勺六抄內由化等全徵本色新義折色三升五合苧蘿鄉田六十八頃五十八畝二分八釐七毫九升二合六抄內折色三升五合安養鳳

儀鄉田四百六十七頃一十一畝三分一釐八毫里仁鄉田三百九十二頃四十六畝八分三釐七毫俱九升五勺六抄內安養等全徵本色里仁折色二升六合七勺六抄塘外沙田一百二十頃八十畝九分四釐八毫九升二勺五抄全徵本色許孝等鄉田三百七十七頃六十一畝九分六釐四毫新亭鄉田三百七十九頃七十一畝九分九釐一毫桃源等鄉折色田四百四十三頃九十三畝三分四釐四毫俱八升八合五勺六抄內許孝等全徵本色新亭折色三升五合桃源等全折色長山鄉折田一百八十八頃九十畝七分六釐三毫每畝六升二合五勺六抄全徵本色（折丁各鄉田俱十畝桃源及塘外沙田十四畝

地一百八十六頃八十二畝六分五釐五毫內萬曆十年丈出地七頃六畝五分五釐淤出地四十七畝一分五釐八毫壓科自實地二頃四十八畝一分六毫田劃

復成地三頃四十八畝二分五釐九毫（秋糧米）每畝科四升八合八勺二抄（折丁）并花山與五十畝

山一千六百六十五頃二十七畝六分五絲（夏稅）每畝七文八分一釐八毫（秋租鈔）二十文五分九毫

蕩四十一頃三十畝九分三釐二毫 內萬曆十年丈出三頃六十四畝五分七釐自實陞科二十二畝二分七釐五毫（秋糧米）每畝折色三升二合八勺

池七十五頃七十二畝四分八釐七毫 內萬曆十年丈出一十一頃五十二畝三分一釐九毫自實陞科三十八畝五分（秋糧米）每畝北折三升二合八勺

濱二十頃七十八畝九分六釐五毫 內萬曆十年丈出二頃九十一畝六分四釐八毫（秋糧米）每畝北折三升二合八勺

瀝一十五頃九十二畝七釐五毫內萬曆十年丈出二頃四十六畝三分六釐（秋糧米）每畝北折三升二合八勺

港一頃九畝四分（秋糧米）每畝折色三升二合八勺

諸暨田地山蕩塘瀝共一萬一千三百八十七頃七十畝八分六釐七毫

田七千九百九十頃九畝四分九釐內萬曆十年丈出開墾一百一十七頃七十畝二分淤出田四百一十二頃七十五畝七釐五毫窀出零星隱田四十四頃六十七畝一分一釐三毫（秋糧米）一則田七千五百七十七頃三十四畝四分一釐三毫每畝四升三合二勺八抄泌湖上則田一百一十頃二十五畝三分三釐六毫每畝一升五合泌湖中則田一百九十五頃七十八

畝一分三釐九毫每畝一升二合泌湖下則田一百六頃七十一畝六分每畝七合折丁一則田十畝泌湖田

無

地一千四百三十頃二十二畝四釐八毫内萬曆十年丈出一頃五畝四分五釐夏稅麥每畝一升四合七勺

山一千六百八十一頃四十九畝八分五釐六毫荒絲每畝三釐一毫

蕩三十二頃五十七畝四分夏稅鈔每畝二百二十八文八分秋租鈔四十二文二分

塘二百五十頃九十二畝七分七釐五毫内萬曆十年丈出二

十六頃六十九畝五分九釐四毫（夏稅鈔）每畝二百二十八文八分（秋租鈔）四十二文二分

瀝二頃三十九畝三分（夏稅鈔）每畝二百二十八文八分（秋租鈔）四十二文二分

餘姚田地山蕩共八千六百七十頃七十四畝九分五釐九毫

田五千九百七十二頃一十六畝六分五釐三毫內萬曆十年丈出田二十頃四畝四分九釐八毫首出田二十畝五分一毫淤出田四十頃三畝九分三釐二毫外二次改正剗去虛糧田二十四頃九十一畝四釐八毫（夏稅麥）每畝四合二勺八抄（稅鈔）三文（秋糧米）每畝七升九合五勺三抄（折丁）并地俱十畝

地七百九十二頃六十五畝六分四釐五毫內萬曆十年丈

出六十八畝九分首出地四畝一分淤出地三百二十七畝五分陞科入額地六畝五分八釐九毫夏稅麥每畝二合五勺一抄稅鈔六十二文七分秋糧米四升三合六勺八抄租鈔五文八分

山一千九百一頃四十八畝六分一釐内萬曆十年陞科山五畝七分三釐秋租鈔每畝二十四文二分又字田七十三畝六釐六毫每畝三升三合

蕩三頃七十畝九分八釐四毫内萬曆十年陞科蕩一頃八十二畝九釐九毫秋糧米每畝三升一合九抄

上虞田地山蕩池塘瀝共八千八百八十三頃六十四畝四分九釐八毫

田三千九百四十六頃二十六畝八分七釐二毫内萬

曆十年丈出田一十六頃四十畝六分四釐四毫淤出田五頃五畝四分八釐四毫外剷復𪓟戶田八十七畝九分二釐九毫外剷去蘆糧西溪占湖丑一十六頃四十五畝四釐二毫熟田二千八百一頃四十一畝七釐二毫中患田七百三頃一十三畝六分五釐七毫上患田三百七十九頃四十四畝一分四釐俱均科（夏稅麥）每畝四合一勺（稅鈔）三文二分（秋糧米）八升九合二勺內中患田北折二合五勺上患田北折五合（租鈔）一十五文𪓟田六十二頃二十八畝七毫米麥同上均科但例不起耗（折丁）并蕩池塘瀝俱十畝

地七百七十七頃五十六畝九分九釐五毫外萬曆十年剷復𪓟戶地四十五頃九十五畝五分五釐（夏稅麥）每畝一合五勺六抄（秒鈔）三文一分（秋糧米）一升二合九勺三抄（租鈔）一十四文（折丁）五十畝

山四千一百二十九頃七十二畝五分三釐七毫（夏稅鈔）每畝二文二分（租鈔）一十三文七分（折丁）一百畝

蕩四頃七十四畝三分八釐一毫 內萬曆十年丈出一頃二十七畝一分四釐五毫（夏稅鈔）每畝三文七分（秋糧米）八升九合二勺（租鈔）一十二文八分

池二十頃一十二畝五分五釐二毫 內萬曆十年丈出池九頃八十二畝五分一釐二毫外剷復竈戶池一十畝四分四釐一毫（夏稅鈔）每畝三文二分（秋糧米）八升九合二勺（租鈔）一十五文

塘五頃一十六畝二釐一毫 內萬曆十年丈出塘四十二畝五分八毫（夏稅鈔）每畝三文二分（秋糧米）八升九合二勺（租鈔）一十五文

瀝五畝一分三釐九毫內萬曆十年丈出瀝四畝五分二釐一毫（夏稅鈔）每畝三文二分（秋糧米）八升九合二勺（租鈔）一十五文

熟池塘瀝一十七頃二畝二分四釐七毫

中患塘瀝四頃八十六畝三分六釐二毫

下患池塘瀝三頃四十五畝一分三釐五毫三項俱照前例

均科內中患北折米二合五勺下患北折五勺

嵊田地山塘共七千一百六十頃四十六畝五分四釐五毫

田四千三百八十三頃三十七畝三分六釐五毫內萬

曆十年丈出田一十一頃七十三畝二分六釐一田一千三百七十二頃八十三畝一分三釐二毫遊謝鄉田八十頃九十四畝七分四釐五毫田一千七百七十五頃五十五畝七釐八毫游謝長樂鄉田一百五十四頃四畝五分九毫（秋糧米）每畝俱均科四升四合一勺三抄但四田及游謝一四并長樂鄉田北折二升一合九勺九抄（折丁）俱十畝

地一千四百三十七頃一十五畝五分四釐六毫内萬曆十年丈出地四頃六十五畝二毫（夏稅麥）每畝六合七抄（秋糧米）一合二勺五抄（折丁）五十畝

山一千二百八十一頃二十七畝二分五釐二毫（夏稅鈔）每畝六文七分（秋租鈔）六十五文三分（折丁）一百畝

塘五十八頃六十六畝三分八釐二毫内萬曆十年丈出塘九十

二畝二分五釐九毫（稅租鈔）每畝九文六分

新昌田地山塘共三千九十三頃七十一畝二分三釐六毫

田一千九百七十四頃七畝一釐七毫內萬曆十年丈出田三十五頃二十一畝五分九釐五毫腴田一千一百七十二頃九十九畝六分四釐瘠田八百一頃七畝三分七釐七毫（夏稅麥）每畝二合八勺九抄（秋糧米）每畝俱三升五合九勺二抄但瘠田北折一升九合一勺三抄

地五百八十二頃五十六畝四分九毫（夏稅麥）每畝八合四勺

山五百三十六頃九十五畝八分二釐（夏稅鈔）每畝一十八文一

分〔秋租鈔〕九文五分

塘一十一畝九分九釐〔秋租鈔每畝六十文〕

明嘉靖二十六年會稽縣知縣張鑑申巡撫田糧課鈔水利鄉兵五事其均田糧一事竊以任土作貢法至精詳奈何時久弊生名實混亂以會稽之田言之自當時抄沒佃種而言有官田或最多者科至九斗四升零其少者科止三升七合計官田九等凡三十七則自民家買受而言有民田與站田或三斗二斗不等或名附餘田二斗六升二斗三升不等或名敗

科田二斗七升或名湖田其科自二斗九升零以至七升山鄉之田又有三升零二升零計民田凡四等凡二十七則共該六十四則則數繁多奸弊易出賣田者隱重則以邀高價而摘糧在戶買田者圖輕則以便收納而貽患他人事久人亡考究無法摘糧遂號無挨之糧矣于是里書遇造册之年受富戶之賄飛入貧戶受勢豪之囑加與愚善先界無無挨之糧而今界忽有數斗今界止有數斗無挨之糧而後界忽加數石有一戶而無挨田糧數十石有一里一都

而無挨田糧數百石者里長派之遞年遞年派之甲首典妻鬻子傾產蕩業代與賠當產盡而逃遂名絕戶一戶逃則九戶賠二戶逃則八戶賠絕戶無証虛糧益添遂至槩縣無挨之田一萬四千三十餘畝無挨之糧一千六百餘石而生民之害極矣故有田者或捏為堋江海患名色或寄入竈匠患田地方以冒圖優免巧者種無糧之田而愚者納無田之糧究[illegible]日聞訐訴無已此皆等則之多以啓之也竊以為田有高下勢所必然然一望之間未必遠分為五六十

等且此除彼收前免後換用土坐落已非原處實既更改名亦難憑合無將前項等則盡行革去止以山鄉水鄉海鄉三者定爲三等坐落山鄉者收成最薄納糧宜輕則查山鄉之田數并其糧數即以山鄉之田均攤山鄉之糧每畝一槩若干斗升坐落海鄉者收成畧厚則查海鄉之田數并其糧數即以海鄉之田均攤海鄉之糧每畝一槩若干斗升坐落水鄉者收成最豐則查水鄉之田數并其糧數即以水鄉之田均攤水鄉之糧每畝一槩若干斗升三處各分三

樣字號以便稽查以槩縣之田受槩縣之糧而無無
挨之田以槩縣之糧撤入槩縣之田而無無挨之糧
奸巧者用計不行貧愚者生全有日絶户者當有承
受而逃流者或可回還矣具申巡按察院下紹興府
府議以爲田糧之弊莫弊於紹興有田連阡陌而户
之輸者止於升斗之微地無立錐而糧之倍者反有
十百之積問其田則曰無挨田問其糧則曰無挨糧
豈眞無挨者哉紹人立此名以愚官府之不知者耳
知縣張鑑謂糧由田起未有無糧之田無田之糧端

有見也即其爲弊之端有四一則詭糧絶戶蓋某戶本無田無糧也奸人賄書忽寄升斗於上明年倍之後年又倍之積至歲深存者不下十百多則不知其所自來矣二則產去糧存蓋賣田者利於重價將官作民將湖作站摘糧代辦故則不知其所去矣三則三轉一關如趙甲之田本無賣出買入也冊時故爲推收一推於錢乙再推於孫丙更轉於李丁而復還本戶或於孫丙而摘糧收多收少或於李丁而摘糧收官收民去者無求而來者無辨矣四則借名脫實

如本戶田糧本無故也忽揑冊毀積荒誣詞告官勘量遍借別處冊塍廢址冒認己業賄勘者揑數同官賄奸書推糧存里始則朦倍終則規脫矣至於詭寄竄戶詭寄權貴巧避百計皆飛詭爲之也弊極民困該縣討究其由而歸罪於等則之繁瑣是以欲爲三則各以其糧山則攤山海則攤海水則攤水以釐革其飛詭之多端不可不謂救時之急計也但其間有未盡之意本府同是斯民之責所關利害八縣相同豈止會稽敢不殫仰盡言以俟採擇照得均糧之法

稽諸郡縣之已行者如蘇州湖州廬陵等處皆嘗均之未有不爲斯民造福而同聲稱善者但均一之法非徒總筭均攤可以集其事而定其業也必須先之以清查夫所謂清查者按圩圖流水以立其本察黃冊實徵以稽其弊有不明者加之丈量以覈其實庾高卑肥瘠山海川原班班可考也切今會稽欲均三則意非不善以愚籌之若不清查究其飛詭之糧悉還本根之土則前所謂無糧之田仍舊無糧無田之糧仍舊無田况三等之則猶足以滋奸書之出入奸

書之出入既久則夫三則者猶夫六十四則云耳弊能免哉本職竊謂均惟一則迺爲至當不易之規而後可以盡革諸則之弊何也糧止一則愚夫愚婦有若干之田就可以知若干之糧書雖神奸無所容其出入之巧矣夫該縣之欲爲三則者特以山田海田不可與膏腴水田爲等也不知折色輕齎豈不可爲之劑量調停者乎如山陰天樂一鄉全以折色畀之法可推也又均糧之法豈獨會稽可行算得各縣如山陰每畝得一斗三升六合零會稽得一斗三升三

合零蕭山得九升九合零諸暨得四升六合七勺零餘姚得五升七合零上虞得九升二合零嵊縣得四升四合零新昌得三升六合零此則按其原額之數而通融積算應得其則如此其間新開新漲告佃者皆未與焉使將其告佃未科者盡行查出則其糧之均平多少不止於斯也近年以來丈量清查俱有端緒惜其不從圩圖流水以立其本是以未得釐奸訂正之實而卒亦莫之行焉本職到任以來即爲致意每求其圖冊以爲之按先爲惡其妨已者所偷毁而

今豈敢輕謂清查之易易也哉竊照會稽無挨田一萬四千三十畝零而無挨糧一千六百五石零惟此田被奸人所朦隱故此糧無所歸着不免累倍於無辜之愚民其在山陰諸暨餘姚無挨之田無挨之糧比之會稽爲尤甚皆如是之飛詭耳苟不清查改正而遽以三則均之不知此田此糧當復置之於何等之則也是以敢謂所議三則不如一則之公且易也迂腐之見未識時宜倘以清查之說爲可行其間稽察體要尚須序列條件以上陳磨勘工程亦須寬假

歲月而後舉况事于東始未必斯民之樂從所碍頗多難免權豪之聚怨若非主畫一之議者堅執而不撓總彌成之權者相信而無二則當局者期惟願於及瓜勤事者必猶懼於投杼此本職所以未敢信其功之必可成也且一方之利害匪輕百年之因革甚大予奪之命合取上裁非本府所敢專擅也類行逐款覆議開申轉詳巡按察院未批示某月日會稽縣第九都耆民李鳳呈本縣麥糧弘治初年亦如今之稅糧輕重均派弊出不一隨蒙一槩均平每畝二合

三句到今五十餘年里書纖毫不能生弊斯恩斯德萬古不朽伏望設立奇法若得挨都挿旗丈量魚鱗字號爲數各鄉豪佔無挨田土焉能藏隱楇糧逃絶事故不究自攺且如本縣額米五萬三千石爲率每山每地一畝生薪出木不勞民力利倍於田止派一升不爲重矣餘盡均在田每畝不淌一斗磽确之鄉許納全折每畝不過納銀二分如此豈有不善下民咸願一則均平爲快庶使永久差無官民之弊糧無斗則之分窮民感戴更生之福孤兒寡婦之户易曉

輸納之糧孩童赤子之門亦免書筭之患爭田告糧之訟從此屏息而三代之隆豈外乎此呈會稽縣申糧儲道下紹興府府議以均耗一則端爲紹興一府民瘼之計將以利之非以害之也但事關國稅係民休戚即令府縣所據止以鄉逵都民之言爲信若不廣詢博採不無輕聽妄行爲此合行刊布詳諭合郡士民各鄉耆舊即將所議前項均一之法公相計議各竭圖維果否有益於民是否不悖於法果何如而可以合郡受福果何如而可以百世常行有何摘弊

蠹奸有何訐謀遠見凡可以爲紹民裨益者幸勿深諱倘其間事有不便始或可舉終當阻撓小或有裨大翻流禍在我鄉達戚里相關尤宜諄切開示其一應士民耆里人等限五日內各具應否事宜赴府縣呈遞以憑詳採酌議施行於是各縣遂履畝清丈然均爲一則之說卒未行焉

呂光洵敘太守沈郡侯德政吴越皆在大江之南其地相連也其風氣謡俗相通也畊稼畋漁之業相同也其不同者吴之地多水越之地多山吴有三江百瀆之流具區金鼎之浸薄海際天皆水也其可田而耕者不過十三越東有會稽禹穴西有四明秦望天姥沃洲積石叢林皆山也其可田而耕者不過十二而纖儉淳鹵越地爲尤甚上者不可以井授下者不

可以遂分而其制賦之低昂與地力之厚薄實又相盭至倍蓰十百糾錯叢脞而不可考唯吳越之人習知之其他莫能辨也始蘇江村沈先生治越之明年民用誠和乃屬吳縣大夫宋侯而告之曰吾與子皆吳人幸知越之利病吾將與之更始唯清畝而平賦則治過半矣乃詢謀耆獻爰諮舊章溯源旣得衆志用孚始定爲簡書稽察考驗之法悉有次第於是下縣丞行之吾縣大夫受牒唯謹戒日警衆身與出入山林畎晦樹表引繩度而正之閱月乃盡得墾定之數已又按籍考賦調其輕重而均之俾協于中蓋極意通變以盡時宜而聚於先生簡受之法毫髮無異焉以是復於先生先生以爲善下其法他縣他縣行之皆準不俟期月而吾鄉數十年深痼之弊袪洗盡矣非通乎謠俗惡能神明若此哉雖然洵嘗吏於吳矣吳父老以洵越人也宜習知其故凡墾田水利賦役鹽米之事往往爲詢言其便不便洵嘗攬轡而聽之察其利害大者上言於朝輒下州縣行之曠歲月竟無成績比洵之還朝也諸父老皆遮道責洵言便

事無驗洵惟唯唯下車慰謝而已夫以洵之不肖其無當於吏民無怪也吾越之士同事吳中者蓋數人焉皆一時之選也然卒未有助余者洵於是深感夫成事之難也而先生行之獨易先生之才蓋有大過人者矣豈獨謠俗之相近哉張天復山陰縣量田記

明興籍山陰田爲畝億者五萬者八千者二百者四且奇山比於田三倍於億而田之則多至百有十六稅輕重視其則山無則稅止視其畝初籍甚核也久之守業者轉相折貿因更籍緣里胥爲奸令田互其則詭其稅山則互其畝數以利黠者而病愚氓甚或沒其數令盡利黠者至於今既二百年籍屢更機詐益百出計所沒田之畝爲千者四百者九且奇稅視之沒山之畝爲億者三萬者二千者七百者六且奇視田倍蓰過之莫可爲詰而弊極矣嘉靖癸亥泰興何侯璿始履畝簡則以括稅遂核黠者所沒田令盡復故額稅視之民稱便閱數年倭寇犯海徵田若山盡權儹給戎士田有秋輒辦山瘠而虛賦者多民嗷嗷不聊生吏亦諰諰懼嘉靖乙丑江寧楊令乞山陰

遂採羣議遍履山藪核黠者所沒盡令復故窖飭女
其數省舊十之五頌聲覩何爲甚乃山所核故數中
尚缺千九百有奇又核民所新墾池若田當其數遂
取以補山饟於是海上饟給而民不敝於供權又行
一條鞭法逐歲標示民雖童稚莫或欺焉（翁大立餘
姚量田記）餘姚田一畝歲可入一鍾蓋稱沃土頃乃
公家雜輸悉從田出貧者傚券富人率以田爲質久
乃沒入之猶或田去糧存或故損其額貧者利其售
去即以重糧書輕券存糧在籍身徙異鄉貽累他人
不願也乃富人有田懼出錢佐縣官故陰賂胥吏詭
寄優復之家里胥互爲姦利則又增損糧額蠱愚鄉
民輸賦者不得覈稽贏縮飛洒實田虛懸絕戶桉籍
者不得考鏡存亡或有墾山捍圩既成田矣初未陞
科坍江壅沙徙存糧矣不以除額民始以田爲累生
往走闕下白于脣相南渠呂公會言官上書戶部覆
議咸曰覈田爲急適邑侯佾谷周君領符出宰公曰
祛蠹與利莫如丈田或謂官田糧重僧寺田次之民
田糧輕不宜一則者然官田有折銀無力役民田有

重役無輕賫以此較之無甚差別不如一則便矣君至遂白于撫按守巡群公並可之乃下令十有一條與民經始既授其法田長里正矣復躬親覆覈風雨渴饑上下嵩險凡再閱歲事始竣君又慮歲久爲姦立石縣庭登其賦額自爲筆記復屬予言之予聞周公經野畫邑以土均之法辨五物九等以均人掌力政後世曰均田曰均輸曰均徭者並以均名今君是舉蓋師周公之意以紓閭閻之急可謂均無貧矣剏賦額簡明則輸委便則士並役則征徭平質劑無譌則獄訟息虛糧盡去則流徙歸四利興諸弊絕不朽之功其在是哉

明萬曆十二年五月內山陰縣申據里老張琳等呈田畝懇同會蕭一則又據里遞龐訓呈五鄉糧折合仍舊則具申巡撫都察院批分守道覆議下府行縣

拘里遞張琳龐訓王文禮等到府審據湖鄉中鄉相去不遠湖鄉固亦有下下者中鄉亦有上上者今以湖鄉爲上則而中鄉爲次所以不平諸具呈人各爲其私勿論而交度劑量令其平均亦吾輩事也行縣審定隨據湖鄉里遞沈明吳綸賀春安等結稱本縣田土先年分爲五則其沿山磽确江北邊海天樂低窪故輕糧稅宜矣惟中鄉俱上等肥田三十餘萬無磽确無低窪每畝止科糧一斗二升六合其湖鄉田自十九都至三十二都坐連刑塘蔣里河埝項里雄

山離渚婁公木柵西巫等埠貼輔山鄉稍旱則爲赤地下有秋湖沸石九里寺後等坂極係低窪小水即遭淹没歷年減收每畝反科一斗五升六合獨此不均懇將二鄉均爲一則又據中鄉里遞黄德昭袁汝用徐𤔡松等呈稱洪武定則秤土科糧湖鄉土厚每畝科米一斗八升中鄉土瘠每畝止科五升六合準古宜今萬世無弊嘉靖三十年何知縣因見摘糧賣田禍由官茹致里賠賦傾家據申清理分作五鄉今纔三十餘年詎意湖鄉狡猾又欲變亂成規且第三

四五六都坐近沿海亦爲中鄉先年潮患不可歷舉見今萬曆三年風潮突入捲腐禾苗實一方之獨苦較之潮鄉亘古安居粒食不啻天淵竊附江北鄉尚覬困中求甦豈堪重上加重伏乞遵守成規以杜紛爭又行准會稽縣關稱查得本縣田畝槩科一斗一升七合九勺零內分山海田止派輕齎北備北折科米九升七合六勺零備折米二升水田亦分高下低者科北折二升又低者北折三升次者科北折四升及有十六都康家謝憇等坂田科輕齎北折米五升

及至七升餘科南折存改等折知縣張鶴鳴議得本
縣田以五則起科遵行已久即今沿山江北天樂難
以更變所可通融者實惟湖鄉中鄉廼人互執有詞
及查會稽縣雖係一則起科却中間以田土厚薄定
北折多寡尚不止於五則今若援彼爲例須槩縣創
新更定一番等則益多弊孔愈叢欲以省事而反以
擾事似不若仍舊徵輸法久咸知信從事孰顛難作
弊事府訪得中鄉湖鄉攤爲一則中鄉所增每畝不
過數釐而湖鄉所減則多古人云害少利多則爲之

民不可與慮始而可與樂成人情安能盡徇行縣細加酌議縣查得丈實湖鄉田一十四萬一千四百五十九畝七分二釐八毫每畝科米一斗五升六合共米二萬二千六十七石七斗一升八合中鄉田三十萬八千九百一十畝五分四釐三毫每畝科米一斗二升六合共米三萬八千九百二十二石七斗二升八合湖中二鄉共田四十五萬三百七十畝二分七釐一毫共米六萬九百九十石四斗四升六合今均爲一則每畝該米一斗三升五合四勺二抄二撮九

圭内本色米三升一合五勺一抄一撮米折銀五分六釐九毫九絲比之原派湖鄉田每畝減本色米五合四勺六抄九撮減米折銀八釐九毫六絲中鄉田每畝增本色米二合五勺四抄增米折銀四釐一毫一絲丈實湖鄉地池一萬三百六十二畝六分五釐七毫每畝科折色米一斗四升七合八勺共米一千五百三十一石六斗七勺四撮六圭中鄉地池二萬五千一百一十三畝六分六釐四毫每畝科折色米一斗一升九合共米二千九百八十八石五斗二升

六合一抄六撮湖中二鄉共地池三萬五千四百七十六畝三分二釐一毫共米四千五百二十石一斗二升六合七勺三抄六圭今均爲一則每畝科折色米一斗二升七合四勺一抄二撮五圭該銀三分一釐八毫五絲三忽一微二塵五渺比之原派湖鄉地池每畝減銀五釐九絲六忽八微七塵五渺中鄉地池每畝增銀二釐一毫三忽一微二塵五渺爲照湖鄉雖有山田實在中鄉之中中鄉田雖近城其城北一帶近海彼時未有大閘緣多潮湧又地土稍較卑

薄故糧則派湖鄉獨重中鄉稍輕今自建閘以來中鄉悉成膏腴而湖鄉反有近山瘠薄者實可通融適均但中鄉里遞人等又多告擾今再三酌量將此二鄉均攤於中鄉既不加多而於湖鄉斯不偏重田土既均是亦政事公平之體其沿山鄉江北鄉天樂鄉仍照舊庶公議恊人情服申府具由轉申分守道下府行縣拘集各鄉里老沈明駱元相并原呈里遞張琳黄德昭等到府重覆面審咸稱損益得宜人心允服無詞申司道轉申巡撫都察院批司覆詳除江北

等三鄉照舊則其湖中二鄉田地均攤一則奉都院批准照議各攤派行繳下府行縣均派徵收已具規則十三年七月山陰中鄉里老王元徐等復呈巡撫部院乞遵祖制以慰輿情批仰縣掌印官拘集湖中二鄉父老并各原呈里遞人等親詣各鄉看驗如果仍舊爲便不必從新若新則爲是亦要就中酌處妥當作速議報下司道下府行縣該知縣張鶴鳴督率里老張琳王元徐等遍歷各鄉都看驗等則明白議得湖鄉中鄉誠各有上中下之等但以二鄉大勢較

之俱足相當故先酌議均爲一則及詳中鄉民所告緣初時湖鄉之下者不甘心額重於中鄉今中鄉之下者又不甘心均重於湖鄉故也今親歷鄉都再三詳酌遵將湖鄉之上者與中鄉之下者各仍其舊止攤湖鄉之稍下者令與中鄉同則總名爲中鄉復減湖鄉之下者攤之中鄉令與中鄉之下者同則總名爲中鄉下則計湖鄉下田每畝減銀一分三釐七絲零米八合五勺四抄零稍下者每畝減銀一分二釐三毫零米八合五抄零中鄉田每畝增銀七毫四絲

零米四勺八抄零額則仍舊高下適均彼此無不允服再照田之肥瘠雖異至於各地則有造成房屋葺爲園圃原無收成分數者內中如天樂江北沿山偏在一隅似當仍舊其他地勢相望似無差別且中鄉係城郭市井所在豈容派糧反輕合將二鄉地池俱攤一則尤屬均平申府轉申司道批據詳減湖鄉之下田加中鄉之上田裒益合宜衆志協矣苐糧則可更鄉名難改若將下田總名中鄉恐疆界既殊不容遽變且以二鄉地池俱作一則是否民心稱便仰府

覆議行縣查得本縣第十五等都計一十四里俱兼湖中二鄉田地其各田坂原以字號分界並無混亂況鄉則分別原爲派徵今湖鄉稍下田既與中鄉同則湖鄉下田既與中鄉下田同則派徵開款止曰湖鄉曰中鄉曰中鄉下則庶易於查算今將湖鄉之下者改爲中鄉或改爲中鄉下則比照第十五等都各里似亦無碍其二鄉地池原應一則今告者止以田爲辭各地池並無異議申府轉申分守道呈撫按再行布政司覆議呈兩院七月奉撫院批十二月奉按

院批俱如議行繳知府蕭良榦曰中鄉之田自來有之即古稱鑑湖所灌溉九千頃者也湖鄉則湖淤而成田者也以其廢湖所成多出自佃故其糧重非以肥瘠定糧重輕也該縣原申尚未審所自迨後遍歷細訪乃始知之而未釐正耳

明初山賦甚輕每畝科鈔五文而徵則以百畝僅準爲一丁故山常無定畝即私貿易者亦多不清核諺曰呼山喝水言但以目力具大約也歷百七十年有司丈量皆不及至嘉靖二十五年會稽知縣張鑑實始丈田因并及山沿海老人某秉此謂山利頗厚始請改五十畝爲一丁實則未經覆度也迨軍興用欽

兵食歲增派田照丁派山照畝則一丁之山視田幾加二倍而山之不足畝者始重困矣嘉靖四十四年知縣張進思至復議核之令民自報則山額視舊減十四邑人季本移書爲陳核法且請復輕賦如舊而進思以擢去莊國禎繼之亦將履山隱山者不利其履競以難阻時本已歿會有持書草以白者國禎從之定制仍百畝準一丁而缺額則每畝槩增以取盈焉雖數未盡核徵未盡均然準丁一事民頗便之於時山陰知縣楊家相亦量山陰山其缺數亦以其地

及償焉諸邑無量者〔季本書〕伏聞查理境內虛山此百姓之至願也但逐畝丈量於勢難行恐無成功則只作一場話說矣緣山深者險峻蒙阻雜以虎豹非人力可到而亦非弓尺可施故有千萬僅掛一二於籍者惟水鄉之山平坦莫掩或有以一二而冐十九者其利害爲大相懸絕耳且以洪武初年各里坐都舊額爲主責令排年里長就於本都山內查合此數以都管都不逾月而可定矣自成化以前山畝有稅而無差故人戶中載山多者不以爲意至天順以後以山計丁始有飛詭隱匿之弊然猶以百畝當一丁也至張石洲丈量田畝懼科之重有十二都老人某者起分糧於山以輕田科之議因而需索有山之家不得則以山五十畝爲一丁以惑官聽而誤從之故山差比舊加倍而迴避者又增軍餉科派皆與田同其困愈甚且各縣皆以百畝爲丁而獨會稽以五十畝此豈均平之政哉如某老人者誣上行私不顧浚民膏血之流禍此古之所謂民賊也豈可容於堯舜之世哉況即一邑而言之有山之

家多致隱瞞而額闕無山之戶或以飛詭而數增其不均拆又甚矣今遇賢明父母在上不早爲民釐正則小民之困苦無休息之日矣飛詭之弊在近界者書其底冊傳之子孫固有存者然亦或各去戶虛增之山而實山之久有欺隱者雖舊存底冊亦無可稽追必須按里清查乃始得實此去思廩食之所繫萬望留神不爲浮議所奪小民幸甚（山陰量山法）山有高危險峻尖峯平岡凸凹深灣遠塢一槩量畝以致奸弊易生隱缺無計今開示量山遞年將山分作金木水火土五形明立五般筭法則行筭無差弓步可核如金形山法當三不等量筭木形山法當橫直丈量水形山中廣幾處火形山一直量至山峯橫量山脚折筭積實見數土形山或量中廣或分二段半月形量筭或四不等亦可一灣一塢統作一號者內分一側一面一壠查照形式分量逐段塡寫弓步一號之內大約凸凹者務要中廣方得實數又者民趙德仁等呈量山不比量田俱是斜尖凹凸不等號大則弊多號小則弊少凡百畝以上定有灣壠不能盡量

入册務須分號方無遺漏或以三直三横法量摟弊始盡令呈數法乞令遞年量山每號就註某山名某形某以某法量之如此開造册報臨檯易知若山如船形者內有灣凹蛇形者中起高壠如兩旁牽量便是作弊必須當心直量中濶處拆量以梭形準之方爲無弊

紹興府志卷之十五

田賦志二

賦下

農之賦四曰夏稅麥明萬曆間合府共一萬二千八百二十七石八斗二合五勺內（山陰）一千六百九十七石六斗六升五合三勺（會稽）一千一十二石七斗二升一合（蕭山）一千五百七十八石四斗三升五合二勺（諸暨）二千一百九石四斗六合四勺（餘姚）二千七百五十五石二斗五升一合二勺（上虞）一千七百三十九石八斗六升七合四勺（嵊）八百七十二石七斗四升四勺（新昌）一千六十石九斗一升五合六勺　山陰蕭山徵於田會稽田地塘漊兼徵餘姚上虞徵於田地諸

暨嵊獨派於地新昌如餘上而兼有塘徵

曰秋糧米明萬曆間合府共三十一萬九千八百七十八石一斗六升四合七勺八抄內（山陰）八萬二千七百六石五斗九升二勺（會稽）五萬三千二百七十七石二斗八升五合一勺（蕭山）三萬六千五百六十四石六斗五升（諸暨）三萬三千二百七十一石六斗九升七合七勺（餘姚）五萬九百七十二石九斗一升一合三勺（上虞）三萬六千四百七十四石四斗四升二合一勺八抄（嵊）一萬九千五百一十九石五斗四升四合七勺（新昌）七千九十一石四升二合六勺山會蕭餘上五縣合田地蕩溇塘浜瀝港派徵而多寡本折不等嵊惟田地有徵諸新盡徵於田

曰夏稅鈔明萬曆間合府共四千四百二十八錠一貫七百七十文九分內山陰三百三十錠一貫七百九十五文會稽三百二十五錠二貫七百七文蕭山二百六十錠一貫九百文諸暨一千三百八錠一貫一百二十三文餘姚一千三百五十三錠四十九文上虞四百八十五錠四百四文嵊一百七十一錠三貫七百八十四文九分新昌一百九十五錠八文　山陰徵於田會稽兼徵田地塘溇上虞又兼及池瀝蕩餘姚徵於田地蕭嵊新徵於山諸暨惟塘蕩瀝

曰秋租鈔明萬曆間合府共一萬三千七百五十七錠一貫五百二十一文九分內山陰五千五百二十七錠一貫二百一十文

會稽一千九百四十七錠八百二十九文蕭山六百
八十三錠三百九十五文諸暨二百四十一錠二貫
五百六十四文餘姚一千一十四錠一貫八百四十
文上虞二千五百四十三錠三貫九十八文嵊一千
六百九十七錠三貫一百一十二文二
分新昌一百二錠三貫四百七十三文山蕭新俱獨
徵於山會稽兼及蕩池餘姚兼及地嵊兼及塘上虞
田地塘瀝蕩溹酌泒徵諸暨惟塘蕩瀝
泒法每畝均科内泒北折南折備折存折扣折改折
海折餘郎係本色名存留而扣改海等折則有無不
一其他折若本色則多寡不同每歲布政司承戶部
府承司縣又承府之分坐而旋泒以徵於民故難定

其數

輸例明萬曆間南北折以輸兩京扣備海等折以輸軍門或年有年無而存留本色若存折備折則以供官吏軍伍之俸若饑年之賑輸府之如坻倉預備倉泰積庫山陰之三江倉餘姚之常豐一倉二倉三倉四倉杭州之廣豐倉嘉興府之嘉興倉海鹽之常積二倉海寧之永平倉寧波之廣盈倉定海之廣安倉各學倉

起運明萬曆間北折不論麥米每石俱折二錢五分

路費每兩貼二分二釐五毫南京各衛倉米每石折七錢三分五釐一毫路費每兩八釐五毫泒剩米每石折七錢路費每兩一分一釐五毫南折米每石折銀六錢路費每兩一分一釐五忽以上俱解司轉解京存留存折麥府倉一項每石折九錢一項折八錢各學倉俱折八錢存折米府倉每石折五錢五分備折米每石折五錢充餉扣折米每石折無定數改折米各倉每石俱折五錢五分

夏秋鈔每貫折銀貳釐

桑之賦一曰農桑絲今惟諸暨山有荒絲五百三十五兩六錢每兩折銀六分二釐

五毫共三十三兩四錢七分

五釐餘縣俱類入三辦內

屋之賦一曰房租（山陰）官房賃鈔一千八十四貫（諸暨）房屋賃錢三百八十三貫三百三十文（上虞）官厇房賃鈔二百四十八貫二百七十五文餘縣皆缺

傳之賦二曰馬價俱輸於河南北直隸等處徐冬錄明洪武二十年命兵部籍杭嚴衢金寧紹及直隸徽州等七府市民富實者出貲市馬充鳳陽宿州抵河南鄭州馬戶今河南有市馬戶是也又寧波府志先是永樂間河南荒歉馬政無辦暫借浙中人戶丁糧近上之家編爲馬頭到彼應直破家殞身害不可言正德二年浙江巡按御史車梁奏革馬頭於丁田內均派徵銀解府轉解布政司交納聽彼驛上司差官領回雇役應當遂以爲常浙民累有陳奏未得豁免明萬曆間合府

共七千四百六十一兩二錢八分七釐四毫內（山陰）二千四

百三十九兩八錢四分（會稽）二千一百一十七兩一錢八分（蕭山）三百五十八兩八錢九分六釐（諸暨）四百六十五兩四錢七分五釐五毫（餘姚）一千一十九兩二錢七釐五毫（上虞）四百五十三兩一錢八分六釐四毫（嵊）四百五十六兩九錢七分

（新昌）一百五十兩四錢六分二釐

日驛夫輸本府各驛今類入均徭

兵之賦一日兵餉銀明萬曆間合府共二萬二千九百二十兩三錢七分九毫內（山陰）四千一十七兩九錢七分二釐八毫（會稽）二千五百一十八兩六錢二分八釐二毫（蕭山）二千一百四十五兩二錢一分七釐九毫（諸暨）四千三百二十一兩五錢六分七釐八毫（餘姚）三千三百四十八兩七錢六分四釐六毫（上虞）二千六百二十六兩六錢八分四釐六毫（嵊）二千七百四十三兩六錢四分九釐四毫（新昌）一千一百九十七兩八錢九分二釐

一毫

戶之賦二曰蕩價輸鹽運司五縣共二千五百四十四兩七錢五分九釐六毫〔山陰〕一千一百三十九兩六錢四分六釐六毫〔會稽〕二百八十七兩九錢七分二釐七毫〔蕭山〕七百八十四兩三分五釐五毫〔餘姚〕一百九十兩一錢二分四釐〔上虞〕四十二兩九錢八分八釐　先俱責辦於竈戶後山會上三縣均派於田蕭餘二縣徵於得利人戶諸嵊新三縣無

曰諸鈔有商稅課鈔　黄絡麻鈔　茶株鈔　油榨稚麻鈔　窑竈鈔　門攤契鈔　茶引油契本工墨鈔　樹株果價鈔　酒醋鈔　漁課鈔每貫折銀二釐內解京貯府二項不同　明萬曆間合府共七百二十四兩八錢九釐〔山陰〕折鈔銀一百八十三兩九

分五釐三毫二絲（會稽）一十五兩四錢九分四釐九毫（蕭山）一百七十五兩四錢九分八釐七毫（諸暨）缺（餘姚）三百四兩三錢八分七釐四毫（上虞）一十兩二錢一分六釐四毫（嵊）一十三兩四錢四分六釐七毫（新昌）二十二兩七錢五釐五毫 遇閏如月數加增分派於漁茶油冶等戶今間或均派於田蕩

口之賦二曰鹽糧米 内分三項顏料解京者每石折六錢解各學者折八錢解各倉者折五錢常本折半 明萬曆間令府除新昌不徵米外共九百三十四石二斗二升七合七勺 内（山陰）十五石二斗六升（會稽）四十六石三斗二升八合八勺（蕭山）三百十六石八斗五升五合八勺（諸暨）二百一十六石（餘姚）七十七石四斗六升四合一勺（上虞）十九石六斗六升六勺（嵊）二百四十二石五斗五升三合（新昌）連鹽鈔共折銀二百五

十四兩二錢三分五釐八毫　俱責辦於鄉都成丁之人惟新昌不分鄉市兼徵米鈔（山陰）每丁六勺三抄（會稽）三合七勺五抄（蕭山）一升三合一勺（諸暨）五合六勺（餘姚）一合四勺四抄（上虞）七勺四撮（嵊）一升四合七勺（新昌）折銀二分一釐九毫　遇閏

增加

曰鹽鈔　每貫折銀一釐輸京庫及本府庫　明萬曆間合府連新昌折米銀共四千一百五兩五錢三分一釐七毫　內（山陰）七百一十九兩六錢二釐五毫（會稽）四百五兩七錢五釐七毫（蕭山）四百八十一兩二錢七分三釐（諸暨）七百二十五兩三錢五分六釐六毫（餘姚）七百七十一兩七分七釐一毫（上虞）二百二十二兩五錢一分二釐（嵊）五百二十五兩六錢六分九釐（新昌）連鹽米共二百五十四兩二錢三分五釐八毫　俱責辦於

城市成丁之人（山陰）每丁九釐五毫六絲（會稽）六釐九毫（蕭山）八釐八毫（諸暨）二毫四絲（餘姚）五釐五毫二絲（上虞）一釐五毫（嵊）五釐二毫（新昌）二釐五毫　遇閏增加

里之賦三今謂之三辦　曰額辦銀有桐油銀　白硝鹿皮狐狸皮銀　弓箭弦條銀　胖襖銀　藥材銀農桑絹銀俱解京　明萬曆間合府共二千一百五十五兩六錢五分三毫內（山陰）三百九十兩八錢五分八釐九毫（會稽）二百三十二兩七錢一分九釐（蕭山）二百四十一兩二錢四分五釐六毫（諸暨）二百三十九兩一錢六分三毫（餘姚）四百八十二兩四錢四分五釐（上虞）二百六十三兩五錢六分三釐（嵊）二百一十二兩六錢五分八釐九毫（新昌）九十二兩九錢九分八釐八毫

曰坐辦銀有水牛等皮料銀　曆日紙銀　軍器料銀　淺船料銀　段疋銀　漆木料銀

四司工料銀　果品銀　牲口銀　蠟茶銀　棗筍銀俱解京　明萬曆間合府通閏共一萬五千四百三十九兩七錢二分七釐七毫內（山陰）二千七百九十二兩二錢二分六釐六毫（會稽）一千六百三十七兩五錢八分八釐三毫（蕭山）一千八百一十九兩六錢五分三釐六毫（諸暨）二千三百三十九兩八錢五釐二毫（餘姚）三千三百三十二兩三分八釐一毫（上虞）一千八百五十九兩四錢四釐一毫（嵊）一千三百八兩八錢六分五釐九毫（新昌）三百五十兩一錢四分五釐六毫

曰雜辦銀　有科舉禮幣進士舉人牌坊銀　預備上司各衙門書手工食銀　軍器路費銀　上司各衙門新官到任隨衙下道家伙祭祀猪羊品物等項銀　修理各衛所城垣民七料銀　武舉銀　戰船民六料銀　文廟啓聖祠名宦鄉賢祠社稷山川壇厲祭銀　各祠廟祭銀　鄉飲酒禮銀　孤

老布花米柴銀　表箋綾函紙劄工食銀　表箋委官齋捧盤費銀　拜進香燭銀　拜賀萬歲冬至正旦令節習儀香燭銀　迎春芒神土牛春花春鞭三牲酒席銀　門神桃符銀　三察院按臨門厨米菜銀　三察院考試生員試卷果餅花紅紙劄筆墨府學銀　恤刑按臨心紅紙劄油燭柴炭門皂厨役工食米菜銀　各上司及查盤委官心紅紙劄油燭柴炭并門皂工食米菜銀　上司按臨并本府朔望行香講書紙劄筆墨銀　府送使客下程銀　縣送油燭柴炭銀　兵巡道駐劄士大夫交際下程酒席銀　水利道坊夫工食銀　提學道按臨考試生員試卷果餅花紅紙劄筆墨銀　季考生員試卷果餅花紅紙劄府學銀　歲貢生員正陪路費花紅旗扁酒禮銀　起送科舉生員路費花紅酒席銀　迎賀新舉人旗扁花紅彩段酒席銀　起送會試舉人路費春賀酒席銀　賀新進士旗扁彩段酒禮銀　兵巡道新任祭門猪羊三牲香燭銀　府縣新官到任祭門猪羊酒果香燭銀　府縣新官到任修理衙宇銀

府縣應朝起程復任酒席銀　府縣陞遷給由酒席銀　修理各察院分司公館銀　修理府縣廳堂公廨監房教場及養濟院等處工料銀　城垣畫圖紙劄顏料銀　優恤節婦養贍米布銀　上司并府縣卷箱架扛鎖索棕單銀　察院分司公館置備家火銀　府縣心紅紙劄等項銀　府縣皂隸工食銀　府縣官船水手銀　短遞夫工食銀　經過使客皂隸工食銀　馬匹草料并馬夫工食銀　大小河船價并稍水工食銀　預備雜用銀　俱留府縣庫　明萬曆間合府共二萬七千六百七十兩六錢八分六釐五毫　內（山陰）四千六百七十二兩五分七毫（會稽）三千八百三十二兩八錢六分一釐五毫（蕭山）三千六百五十一兩五錢四分六釐三毫（諸暨）二千一百兩八錢二分（餘姚）五千三百七兩六錢二分九釐一毫（上虞）三千六百四十五兩一錢八分七釐三毫（嵊）二千四百七十兩二分二釐（新昌）一千九百九十兩五錢六分九釐三毫

均平法明嘉靖四十五年某月日巡按浙江監察御史龐尚鵬奏兩浙自兵興以來公家之賦役日繁閭閻之困苦已極積弊萬端有難槩舉惟里甲為甚有一日用銀二三十兩者貪官遂因緣乾沒吏胥亦乘機銖求在在有之臣今擬通行會計各府州縣每年合用一應起存額坐雜三辦錢糧數目仍量編備用銀兩以給不虞之費俱於丁田內一體派徵名曰均平銀其所議數目固有盈於此而縮於彼未必事事皆中若損有餘補不足裁酌通融自足供用歲之用

臣巡歷所至質之父老萬口同辭率多稱便乞下該部覆議著爲成法詔下戶部如所議上請得旨依擬行案行司道再斟酌損益刊刻書冊題曰欽依兩浙均平錄

一審編均平丁田俱分守道每年預計合屬州縣里甲未出役三箇月之前定委廉幹官員不拘本衙門及府佐别州縣正官親行拘集該年里甲人戶與實徵丁糧手冊黃冊逐戶弔審明實通計合用本年額坐雜三辦一應銀數共該若干除官員舉監生員吏

承軍匠竈等項照例優免并逃絕人戶免編外其餘均平科派折田爲丁每丁該銀若干某戶該銀若干一歲應納之數盡在其內完日將審派人戶花名銀兩細數給示曉諭以便輸納及造册繳道以備查考

一凡委官審編丁田揭榜之後即照式刊刻由帖每里甲分給一紙使各家喻戶曉知丁田銀兩數目不致欺隱遺漏增減如有前弊許諸人告首即問作弊之罪充賞首人各州縣仍置空白簿三扇每扇以百篇爲率送分守道用印一扇發回本縣收掌仍置一

大櫃于公堂但遇里甲執由帖赴納均平銀兩就令當堂投櫃封鎖記簿存照仍將由帖註納數目日期掌印官親批完納給還備照不得加取秤頭火耗一扇發領辦吏一扇發該吏大事先期一月其餘先一二日照依原議給銀買辦各登記支應數日季終循去環來繳該道查考以防侵尅其收頭及坊里班頭名色悉行革除

一庶務既不役里長支値各須得人每年各州縣輪委各該實㕘及候缺吏役以總理買辦立夫馬頭以

總理夫馬仍量事勢緩急查撥民壯幫同各役使用其夫馬頭給工食以酬其勞掌印官仍不時查理若有尅減即拿問招詳仍令各置印信簿發與吏役及夫馬頭收執如某官經臨該送某號下程該撥某則夫馬各照本縣發出刊刻小票依數買辦撥送隨將用過銀兩挨日登記見有不收不用者明白註扣還官以備查覈其或上司取辦物件亦令承行該吏領銀照依時直平買送用不許給票指稱官價虧損鋪行

一均平銀兩苟輸納逾時未免支應告匱凡審編丁田之後即坐委管糧官追徵勒限三箇月以裏完五分半年以裏盡數完納本官仍依期赴分守道報數以憑稽考如限中不完及不親赴該道報數參提問罪住俸候完日開支如里甲恃頑不納枷號究治

一額坐雜三辦一應錢糧將原額并近年加增應該起存等項成規開載相同無容更議者開列于前次將本縣一應支費逐款各開銀數備列于後其間多寡損益俱載本條項下猶恐別有意外之費各照縣

分大小酌量另派備用銀兩總名曰均平銀毎年一體徵完應起解者給批解納責限獲批繳照應支銷者收貯縣庫聽候支用其里長止令勾攝公務甲首悉放歸業此外再不許分毫重派以滋別弊

一里甲供應通行裁革

一人夫馬匹有議徵銀在官照差計月支給者有計程遠近支給者有議徵給一年工食與人夫并養馬之家有餘不足聽其走差并應者有稱州縣偏僻用馬不多照舊令糧里暫雇爲便不派均平者爲照各

州縣地方衝僻水陸險易原俱不同程途遠近差撥繁簡亦自有異是以規則不能畫一俱俯從其便庶可宜於民情各開具於府縣項下

一夫馬頭只令雇覓夫馬其應給工價各掌印官酌定數目先期包封用印鈐蓋取木箱收貯臨期照原封當面散給受覓之人不許落夫馬頭及該吏之手致有扣尅之弊

一每年用過船銀若干就於均平内派徵貯庫若取船應用即照民間雇覓定價一體算給不許出票差

人致有虧累小民

一雜辦款目頗多必須分別包封另箱收寄如遇某項應用卽於原款包内動支仍於原登簿内前件下開寫於某日支取若干作爲某用明白註銷以備查考庶免影射侵匿捏開小民拖欠復累該年里長如或官遷吏滿各要一一交盤申請守巡道清查無弊各批詳允方許離任起送若支有餘剩俱聽申明以抵别項公費支銷

一議定規則蓋欲永爲遵守但時有變遷事有損益

各項之中用或羨餘聽其截長補短貯候奏支間有意外之費有司或難於開報及一切士夫交際等項果係禮不可廢義不容已者許於備用銀内動支倘有不敷就於該州縣自理贓罰銀兩一面請詳支應若有復派里甲者官以不職論吏究贓重治

力之賦二曰銀差曰力差明嘉靖四十三年餘姚縣知縣周鳴埙始議將銀力二差一槩徵銀雇募其後山陰等縣里遞呉栩等各具呈三院下府縣覆議一體遵行　有各驛館夫　各倉斗級　巡鹽應捕　舖兵　解戶　獄卒　弓兵　傘夫　皂隸

分守溫處甲首　看守各館門子　各學庫子　祠夫　閘夫　各場工脚　巡欄　南京直堂皂隸柴薪　三院座船水手　布政司廣濟庫庫子　縣耳房庫子　各學庫子　布政司守領都司運司府縣衛首領柴薪　府縣馬夫　各學齋夫　各學膳夫　會同館長夫　府縣及儒學公堂家夫　包陪富戶　各渡稍夫　民壯　捕兵　健步　預備織造坊夫　短送夫　惟巡鹽應捕一項先議免僉役徵銀抵課止用民壯弓兵巡緝巡鹽察院批再議紹興府議仍照額名數選募勤實之人充役分布行鹽地方巡獲鹽船人犯不許縱放

明萬曆間合府共三萬五千三百五十一兩九錢九分七釐三毫內〔山陰〕七千三錢八分九釐八毫〔會稽〕四千七百九十八兩三錢九分七釐一毫〔蕭山〕二千六百三十三兩九錢一分四毫〔諸暨〕三千七百七十四兩一錢八分一釐〔餘姚〕五千八百七十七兩六錢二分二毫〔上虞〕五千三百八十六兩九錢一分五釐五毫〔嵊〕

三千五百三十五兩三錢一分八釐八毫〔新昌〕二千三百四十五兩二錢六分四釐五毫〔翁大立均徭或問〕步傳南渠呂公讀禮家居聞賦役不均民間甚苦以役法質于少司空笑齋龔公謂必弛其力差悉明雇直庶幾均平無偏累遂白當路下其議邑侯用君君乃通計官民田額凡五千八百四十二頃八畝有奇除免寵田二百九十六頃三十一畝外每畝科銀八釐地額除辦鹽蕩地外官民地凡七百八十五頃一十二畝有奇每畝科銀四釐人丁除優免外約該差四萬一千丁每丁科銀五分共徵銀六千六百九十二兩九錢九分零以待一歲雇直議既定或有難之問於予曰均徭戶分三等計丁驗糧行之既久今欲改之何居予曰有圖有家者不患寡而患不均吾邑科第之家以百計雜流舉監生員吏承以千計竄丁計一萬四千有奇優免日衆則詭寄日多良民守法者編徭日重此患在不均一也北方門丁事產四者兼論每以門銀爲上產銀最下地土猶致拋荒吾邑有職役者始登版籍無職役者每多隱丁故編徭

則專重田產其他海防兵費雜辦均輸皆從田出遂致田日賤而民日貧此患在不均二也輸編甲分優免者少則差徭稍輕優免者多則差徭愈重在歲額不可增減而役銀則歲輕歲重此患在不均三也海防輸委不繼凡巧兵皂隸壩夫之類撥銀以助軍興而積年攬役者額數雖減役銀倍索故官司有減之名徭戶受增之害此患在不均四也舖夫庫子斗級鹽捕向爲重差役銀實少軍興以來浮冗百出有役銀一兩而支銀數十兩既破其家矣一經查盤軍徒雜坐復貽累其子孫此患在不均五也有此五者閭閻日悴故相公倡議衆庶翕從始一槩徵銀公卿以至吏承照例免丁不免田產此吾輩捐已利以惠窮閻相時宜以救弊法豈以厲民乎哉曰若然民則受惠矣士大夫之族免田有差蓋令甲也今不免無乃非制乎曰否考諸會典隨朝官免雜泛差役此洪武十三年令也在京文武官員家除里甲正役外一應雜泛差役俱免此正統元年令也其云優免蓋專指人丁如曰其人既爲京朝官矣其父兄子弟僕從並得

免差初無免田之説是時在方面猶且未及況雜流吏承乎其後優免冒濫以川淮丁遂滋詭寄之弊至嘉靖乙巳該科申明始定免田等差與丁均配聊以救弊云爾豈初制哉若生員僅免家丁尤有考據國初免廩膳宣德三年始免增廣皆云免其家差徭二丁也北方生員僅免供丁可爲印證今之免田及以田准丁者亦豈初制哉曰竈戶每一子丁十年免田二十畝蓋爲國初竈戶日夜辦鹽候商領支如商人後期則鹽觔銷耗復辦賠納最爲艱苦自彭惠安公議徵鹽價而引鹽則令商人自買遂使竈戶無煎辦之勞有蕩地之利故其利既數倍於齊民而其丁亦數倍於舊額觀版籍之内軍匠日絶竈丁日增竈戶田多民戶田少蓋不惟詭田而又詭丁也不免庶絶詭弊況士夫不免竈戶豈得免乎曰士夫不能世官竈戶乃其世業今仍每丁每年免田二畝積之十年正合原免之數所以處竈戶者善矣曰然則巡鹽應捕何可廢也曰國家疏通鹽法專爲濟邊苟國課無虧而民情甚便則善之善者也吾邑三面濵海並產

鹺鹽一面阻山不通舟楫引鹽不到民間無食淡之理舟楫不通自來無越境之販今若肩挑者勿禁而徑於徭銀内徵抵應捕鹽舫銀兩以解運司如戶口食鹽之例於民不甚便乎若曰如此恐廢法則今之竈戶不徵本色而徵折銀法亦廢矣何彭惠安之惠至今存也曰庫子斗級錢穀重寄今令雇役可乎曰予嘗讀律矣庫子斗級雇役侵欺並以監守自盜論如其不許雇也律文何以該載況今在京各部在外兩司庫子莫非雇役各省斗級亦多召募彼豈不思錢穀爲重哉曰耳房庫子往歲費銀數百今州縣廉正僚屬嚮風役可無設矣復議公費數十金何居曰各省三司孰無公費多者或四五百金猶云未足即今數十金並非浪費可對人言於此而復省之則好名太過所謂贖人而不受金非可繼之道也嗣後倘非周侯將别起事端任情科斂里甲始受病矣況柴薪馬丁舊有增耗此法行而贈耗革矣非周侯秉廉損惠孰肯任之哉曰斗級之害難以縷舉若沿海軍儲並徵折色則斗級可無然設倉官凡冗員奏議革何

如曰不可軍儲解折則官吏軍旗交通對支貧軍愈餓萬一陷城誘罪誰之況南京解折振武營之變殷鑒不遠乎曰然則如松江故事令沿海官旗詣縣領糧何如曰此雖便民於軍不便蓋官旗糧長對支往折金山衛軍亦嘗臨城呼譟矣必也倣京邊直隸事例設立軍斗有司給與雇直稍寬其費或查軍旗置有民田附籍里甲者選募以充亦給其直庶軍民交便而又每石加耗五升每歲掃盤蓆板之費並付軍斗孰有不願充者哉曰預備倉斗級繁費亦甚今以縣前鋪司兼攝何居曰吾姚輕犯付鋪羈收燈油之索勢難盡禁故鋪司每每營充今斗級既增其直倉鋪一比屋相聯復照近行事例每石加耗五升每歲除耗一升七合三歲之後聽於正米除耗查盤官勿得細苛雖使兼攝人猶營充也曰他省驛傳亦有官吏自支者然吏皆避役官多在逃今革去館夫可乎曰此爲官錢有限而靡費無經官卑則橫索者易肆其虐路衙則協濟者不敷其用而查盤官又刻意誅求吹毛以求其疵也今本縣監臨該驛無月破之弊庶

糧折色使客無橫索之擾况縣驛兼支船馬並折吏承夙弊今赴縣給領此弊頓除故予在南畿頒有長單刻有板榜至今稱便曰門皂兵夫開民受雇各增其直何居曰此法未行科索徭戶重者以一取十輕者三倍今官給其直而又少之則庶人在官不若傭賃爲活矣亦豈可繼之道哉曰備差銀兩起於何時應否裁革曰各省編派之後皆有餘銀或名聽差或名編剩明立文案以待支銷吾姚自巡按冷塘周公行縣多編以備坊牌羊酒之費起此厲階對川王公繼之謂非事體令將此銀預備織造意則已公弊則未革遂致前此編徭者有外備差内備差之名今織造銀兩每年坐派丁田此項差銀誠爲可革在當路羣公裁奪耳豈治民所敢言哉曰均徭十甲一輪亦令甲也今歲歲徵銀可乎曰政貴有恒尤貴通變故琴瑟不調甚者必解而更張之匪得已也予嘗敭歷四方見均徭之法有三年一役者有兩年一役者有行十段錦之法歲編一段者有輕差歲徵雇直重差始僉閲右者有人丁事產以備歲編門銀以待撮派

者豈必十年一役哉曰徵銀誠便矣立收頭則侵分尅減歸庫藏則那移借貸聽對支則抑勒准折甚者官吏不廉則虛錢實領將如之何曰收頭誠不可立對支誠不可聽惟做投櫃之法隨糧帶徵定更番之則按月給領雖軍與重務不得那移若有羨餘必登循環卷籍歲終查盤仍每年攢丁申報守巡以杜冒濫則縣官縱萌不肖之念者豈得恣所為哉曰數弊革矣玩愒既久寧免無弊乎竈丁免矣士人不免寧免無怨乎曰天下事有利必有弊若弊少而利多興利為便有恩必有怨若恩多而怨少任怨何妨今周侯度田均則民易輸糧無不均之賦審戶定籍丁糧相配無不均之里編徭徵銀悉從雇募無不均之役孔子所謂均無貧也少傅公倡議衆庶翕從意在恤民匪云變法旁近賢有司訪求此意劑量贏縮亦使均平陳平所謂宰天下如此肉矣曰通行天下可乎曰未可南北風氣異齊民異俗南方重人丁則貧民月蹙北方重地土則富民日徙貴在有司師其意耳不然王荆公役法非不善而何天下受病也請以是

釋子之疑

一條鞭法明隆慶元年正月十九日餘姚縣知縣鄧材喬申卑職以非材備員劇邑蒞任以來民間投牒大半辯理錢糧不曰多科則曰重徵不曰謀收則曰侵盜流禍孔棘莫能盡狀大畧有五弊焉夏稅秋糧及三辦內織悉名色不下三四十項每項給一示某件一石抽銀幾錢幾分某件一畝派銀幾釐幾毫在官者或能抄記鄉落小民何由識其要領以致奸猾設計巧弄以小呼大以無捏有倚項數之多逐件科

歛贈耗一入手則浪費無存其弊一也及僉審收頭則人人窺伺有利者百計謀收有害者千方規避公庭之請託無休吏胥之賄賂雜進其弊二也凡遇比併錢糧必有收頭數十人各執一簿虎視於邑堂而每里長一人皆俯伏於下一一登答竟數十人而後已一有失錯即以收作欠以多報少懦弱者銜恨陪償傒利者紛紛告擾其弊三也收頭收銀入手或置產娶妻妾或白身納吏甚或挾妓酣歌爲樂輕用官錢而莫能償竟死刑獄其弊四也若官府不知民隱

則任其開數變賣一准其詞即視爲奇貨無產稱爲有產責過混開重責巧攀讐家硬指愚弱借名還官復半肥已奸起於一人而殃流於萬衆其弊五也有此五弊則通變宜民之法似不容緩就經倣效立隷等處見行事宜將各色額稅併爲一主徵收名曰一條鞭在泒徵則攢爲一總在起解則照舊分項盡除贈耗革去收頭各里長領小戶自行投入縣櫃催起解錢糧於糧長中閹選數人逐項領解議行未幾衆皆稱便復恐久後或有窒碍而早夜思之甚有便官

利民之益也往歲各折及三辦名色多端額數不等縣官逐項徵之收頭逐項收之日無虛刻煩苦不勝所收銀俱在收頭之手甲固未足其額乙亦未滿其數皆難截解及限期促迫必令收頭賠解收頭無從措辦則哀懇於官以乙抵甲起此厲階乘風滋弊以那移借貸爲常事而半未完者乘機效尤併將已徵收者悉爲侵欺錢糧之逋負有自來矣卽今併派類徵則零星科勊之弊固已頓革而侵欺變賣之禍亦已潛消且閭閻一有輸納官府卽有此銀司府行文

催取即可完解更不苦於那借之難矣顧革弊之要有當申明者往歲署事之官更代不一收頭與吏胥交通雙印號簿兩塡收數及至吊查即抽換影射由是有公私底簿之名貪緣種種莫可究詰今議於起徵之候預置空白文簿將各糧長挨都里逐名開塡人丁田地山蕩總數留空半葉申請本府印鈐發本縣輪撥謹厚吏農管簿看兑知數令各糧長將兑封銀兩於本名下親筆塡註以備稽考則府印終爲難得而那侵之弊永絕也隨該槩縣糧長宋橋等呈稱

錢糧不能自運解人不應獨苦若量途遠近議定路費幾何一條鞭隨糧徵貯縣櫃臨解給發庶官民兩便卑職酌議切恐類徵在官將來適資貪墨不若起解時立刻追完對手支給自無虧累仍每歲將各項數目於總欑明白之日刊刻木榜樹立縣前復印刷告示頒布鄉村使蠢民稚子知悉如續奉派徵則以在官稍緩官銀明開借解下年總派追抵庶不煩瑣更免擾民伏乞採擇施行具申上官三院下司道司道下紹興府六月十三日府申一條鞭之法該縣所

議甚便至於類派解費一節宋橋等所呈似協輿情相應俯從申糧儲清軍兩道看得正項錢糧既以類徵而解扛路費又復零派似不免又有頭緒多端臨期催迫之病今該覆議良是具呈巡撫都察院批既經覆詳妥准照行繳

派徵之法各縣將該徵夏稅秋糧鹽米等攢爲一總内除本色米麥某項某項照舊上納外其折色某項某項各若干每石該折銀若干通計銀若干該縣田地若干每畝該實徵銀若干共該銀若干其均徭里

甲三辦均平等亦攢爲一總其某項各該銀若干通計共銀若干然後通查該縣田地山若干人丁除例該應免外見在若干每丁該銀若干田地山各若干每畝該徵銀若干共該銀若干二總應徵銀兩再算每田地山一畝該銀若干每丁該銀若干連前項正銀通該若干編派已定卽行照數備細造冊一本開寫榜文一道申送各分守道查覈明白果無差錯關防印記發回一面將榜文張掛曉諭百姓通知一面査造冊籍逐戶塡給由帖用印鈐蓋着各該里遞分

給各甲人戶照帖承辦依期赴納

收納之法預先查照由帖造收納文冊一本用印鈐蓋置立大木櫃一箇上開一孔可入而不可出者仍酌量縣分大小都啚多寡縣小者止一簿一櫃大者作二簿二櫃或三四隨宜曲處每櫃即選擇實歷吏中之勤慎者一名糧長中之殷實者一名相兼經收每次印給收票一百張私記小木印一箇本櫃立於縣堂上聽令各該里遞帶領納戶親赴交納先是吏與糧長公同查對簿內及由帖納戶本名下丁糧及

折銀數目實該若干相同無差隨即驗銀足色兌銀足數眼同包封上寫某里某甲納戶某人銀若干仍着納戶將簿內本名下塡寫某月某日交納足數訖下註花字爲照吏同糧長將納完銀數塡入收票内某月某日吏某人糧長某人公同驗納訖亦註花字爲照銀令納戶自行投入櫃中並不許吏與糧長經手如有加收重稱刁難勒索者許卽時禀告究治每十日掌印官同管糧官及經收吏役糧長開櫃清查一次照簿對封照封驗銀如果無差總筭該銀若干

拆放一處每百兩權作一封暫寄官庫以待臨解傾
錠另貯一匣另置印簿一扇登記每次清查銀數又
行另選吏一名糧長一名如前經收十日清查
起解之法如遇某項錢糧應解將前庫寄銀兩照簿
內收過日期挨次順支若干應貼路費若干當堂傾
錠封付解人凡銀至五百兩以上差佐貳首領官三
百兩以上差殷實候缺吏一百兩以下差殷實糧里
仍查照貼解銀數給與使費解送至府轉文呈司交
納責限納獲批收銷繳俱不許再僉收頭解戶等項

名色

明隆慶元年某月日山陰等縣申乞比照餘姚舉行一條鞭法三院下兩司各道議呈俱允行又某月日布政司議貼解路費解兩京者如舊議徵給解司府者通行裁革呈兩院如議通行合省永遵守

明隆慶二年某月日會稽縣知縣傅良諫申一條鞭立法詳悉無容再議但本縣優免繁碎名項劇多比之他縣甚於霄壤蓋如秋糧額數無論山海水鄉都分槩縣一則均派每畝科米一斗一升七合九勺及

泒徵米折則又因厥土之上下而有輕重之分本縣額設三十三都內自第一都起至二十都止及在城兩隅名曰水都本色糧米及南存改備等項重折盡泒於此內及第七第八十二十三十四等共五都因邊海荒圻田土每畝泒於北折二三四五七升者其二十一都起至三十三都止名曰山海鄉都分每畝止納輕賫北折米九升七合九勺備折米二升全不泒徵本色又如南本每石徵銀七錢各縣無分民竈一槩泒徵惟獨本縣竈戶纖不承納又且田不加耗

又如水鄉蕩價内外職官及各竈戸俱優免止派於民又如水夫工食遠驛馬價止京省職官查照品級優免而竈戸原與民間一體派徵内又第七第八十三十四十七三十一三十二等共七都竈田每畝免銀四釐比之各都竈田又異又如二十四都民戸患田六千六百餘畝水鄉水夫馬價三項俱免不派自此頭緒煩瑣遽難畫一竊議前項錢糧若照舊規派徵則輕重不一安能類總若計畝科銀又似非條鞭之意今反覆酌量參諸人情除將均平均差每年官

吏生監優免增減兵餉各年奉文派徵多寡不同俱難派於條鞭之內合無另爲一則其夏稅秋糧照田通派此乃一定之法不分官民與竈求之各縣皆然本縣官民無間而惟獨竈異以此民竈輕重懸絕竈田日增民田日減而胥籍詭寄之弊其流不可遏矣合將稅糧一體派徵查出山海都分原額田地照舊派以北折若干備折若干每田一畝計銀若干每地一畝計銀若干其水都田地照舊派以本色糧米若干南存改備等折若干每田一畝計銀若干計米若

干每地一畝計銀若干計米若干各揭一總銀入條鞭米照常規泒運其水鄉水夫馬價三項總計每田一畝不過七釐亦不分官民竈戶及減免竈田俱徵不免與前稅糧合爲一則每田一畝共計該銀若干設立官簿官票責令依限投櫃收解及查本縣竈戶優免原無定例查得水鄉蕩價先因裁革水夫竈戶所遺蕩地俱竈管業所該鹽課無分民竈泒於槩縣田內自嘉靖十九年以來竈戶方行告免及查秋糧米折嘉靖三十七年以前並不分別民竈一槩泒徵

俱各行之未久即今通泒雖少有所增而反覆揆算每畝計銀不過釐數况又有例優免與民不類合將本縣竈戶并患田及官吏生監於均平均差二項之內照各例優免外仍量與加免丁田例免十丁者再免一丁庶人皆相安法可永守再照解運路費起解司府者一切裁革屢蒙頒示嚴禁多方體念但錢糧關係匪小多懷畏心若不立有成規誰不臨時推調議將每年見役糧里計若干名解司解府銀兩各照本年下田糧多寡挨次照數領解何能辭責領解解

少者亦聽其相附自行幫帖大約一百兩以上者定解一名二百兩以上者定解二名責令輪流聽櫃則收頭不立而胥解有人路費不徵而勞逸適均矣伏乞照詳施行具呈三院下紹興府府議以一條鞭之法原合均平均差稅糧爲一今該縣將均平均差兵餉另爲一則將稅糧另爲一則此乃兩條鞭矣又於稅糧之内將山海都分泒以北折備折將水都分泒以本色糧米南存改備等折是稅糧又另分爲兩條鞭矣但立法貴通人情爲政須宜土俗該縣前項均

平均差每年有官吏生監優免之不同兵餉銀兩每年有增減派徵之不一委難强入於稅糧之内其水都分厥土爲上山海都分厥土爲下賦歛輕重亦難强而齊也再三查訪俱稱前項派徵皆已停妥並無異論且一條鞭之設原以革去收頭包攬爲主今該縣派徵雖勢不能合一然派額一定家喻戶曉設櫃聽投再無收頭侵攬之弊其與一條鞭之法亦小異而大同矣再查竈戶患田官吏生監優免俱有定例今該縣因水鄉水夫馬價各不准優免欲議於均平

均差之內免十丁者再加免一丁以示優厚之意但加免於此則加重於彼小民貧困輸納艱難似違法制不准再加其領解司府錢糧一節既無路費之給每年於見年糧里挨次僉點委爲適均然必遵奉近議百兩以上則押以民壯一人二百兩以上則押以吏農一名五百兩以上則押以職官一員以防侵匿遲延之奸具呈巡撫都察院批如議行繳

自一條鞭行後其賦額大率二項曰本色米萬曆間合府共六萬五千六百二十九石二升四合三勺

曰條折銀萬曆間合府共二十六萬八千一百七十兩五錢四分四釐五毫

山陰本色米共一萬八千四百五十六石五斗四升一合折條銀共六萬一千六百七十九兩二錢六分九釐鑑湖鄉田每畝米三升九合六勺銀九分七釐八毫中水鄉均田米三升一合六勺銀八分六釐三毫中水鄉下則均田米三升一合一勺銀八分四釐五毫沿山鄉田米一升六合四抄銀七分四釐四毫江北鄉田米二升二合六勺銀六分六釐六毫天樂鄉田米一升四合一勺銀四分八釐三毫湖中鄉地每銀三分五釐六毫五絲沿山鄉地銀三分五釐一毫三絲江北鄉地銀二分六釐六毫五絲天樂鄉地銀一分三釐六毫三絲湖中鄉池銀三分二釐七毫七絲沿山鄉池銀三分二釐二毫五絲江北

鄉池）銀二分三釐七毫七絲（天樂鄉池）銀一分七毫五絲（山）每畝銀一釐三毫二絲（蕩）每畝銀四釐另不入縣額在縣納銀塘外沙田地（田）每畝銀八分七毫六絲（地）每畝銀六分五釐八毫係遊塘外地田俱竈戶收花（折丁見丁）每丁共條折銀一錢三分六釐五毫

會稽本色米共一萬一千五百五十五石五斗六升二勺條折銀共三萬八千七百八十一兩五錢二分九釐（水田內）（十畝折丁田）每畝米三升三合三勺銀八分四釐九毫（十五畝折丁田）米三升三合三勺銀八分二釐四毫（三升北折田）米三升七合七勺銀八分三毫（二升上北折田）米二升七合銀七分九釐七毫（三升北折田）米二升四合七勺銀七分七釐五毫（四升北折田）米二升二合五勺銀七分四釐一毫（四升下北折田）米二升一合銀七分五釐五毫（五升北

折田（内）（十畝折丁田）米一升九合六勺銀七分九釐八毫（十五畝折丁田）米一升九合六勺銀七分一釐七毫（七升北折田）米一升四合九勺銀六分九釐三毫（山田）銀六分七釐九毫（内學田）銀四分九釐二九（湖山患田）銀一分七釐一毫（海患田）銀四分三釐五毫（水地）（内）（五十畝折丁地）米一升六合五勺銀三分五釐六毫（七十畝折丁地）米一升六合五勺銀三分四釐三毫（八十畝折丁地）米一升六合五勺銀三分三釐六毫（全荒地）銀一分二釐（山地）銀一分一釐九毫（開元等寺地）銀八毫（米蕩）米六合八勺銀一分六釐一毫（池塘漊）米四合五勺銀一分二釐二毫（山内）（平水關山）銀三釐九毫（餘山）銀三釐五毫（鈔蕩）銀一分一釐（人丁）每丁共

銀一錢六分二釐二毫

蕭山本色米共八千五百三十八石四斗五升三合

條折銀共三萬一千三百四十三兩八錢八分二釐

五毫（由化等鄉田）每畝米二升七合八勺銀七分五釐八毫（安養等鄉田）米二升六合九勺銀七分三釐七毫（許孝鄉田）米二升六合三勺銀七分二釐八毫（新義鄉田）米一升七合六勺銀六分九釐（苧羅鄉田）米一升七合二勺銀六分八釐三毫（苧新鄉田）米一升六合二勺銀六分六釐九毫（里仁鄉田）米二升六合一勺銀七分三釐二毫（長山鄉田）米一升八合八勺銀六分一釐七毫（桃源鄉田）米麥五勺六抄銀四分九釐二毫（塘外沙田）米二升六合八勺銀六分五釐二毫（告畈輕折田）米麥五勺六抄銀五分八釐一毫（地）銀二分二毫（池）銀八釐四毫（花山）銀五釐（光山）銀一釐一毫（八田丁每丁共銀一錢二分六釐九毫）

諸暨本色米共二千七石五斗二升六合二勺條折銀共三萬二千六百三十七兩三錢二分三釐（一則田每

畝米二合三抄銀三分八釐二毫（泌湖上則田）米九勺銀七釐三毫（中則田）米七勺三抄銀五釐九毫（下則田）米五勺銀三釐四毫（地）銀一分一釐一毫（山）銀一釐三毫（蕩塘）銀六毫五絲（人田丁）每丁共銀一錢一釐七毫

餘姚本色米共一萬二千二百一石五斗三升四合七勺五抄條折銀共四萬一千七百八十兩七錢七分四釐七毫（一則田）每畝米一升九合三勺銀六分七釐五毫（忠烈忠襄田）米一升九合三勺銀三分七釐一毫（籠田）米一升七合五勺銀六分七釐五毫（地）米九合七勺銀二分四釐八毫（池）米七合三勺銀一分三釐四毫（山）銀一釐五絲（學山）米七合銀一分三釐（人田丁）共銀一錢一分

上虞本色米共七千六百六石四斗五升六合六勺

條折銀共三萬一千三百四十六兩一錢八分四釐六毫〔熟田〕每畝米二升一勺六抄銀六分七釐六毫〔上患田〕米一升五合三勺銀六分十釐七毫〔中患田〕米一升七合六勺銀六分七釐六毫〔竈田〕米一升八合三勺四抄銀四分八釐六毫〔地〕銀一分五毫〔山〕銀二釐九毫五絲〔蕩〕銀三分五釐七毫〔熟池塘瀝〕米一升一合二勺銀四分五毫五絲〔上患池塘瀝〕米一升八勺五抄銀四分四毫一絲〔中患池塘瀝〕米一升九勺五抄銀四分五毫〔入田丁〕共銀一錢五分九釐九毫

嵊本色米共四千九百七十二石九斗五升二合六勺條折銀共二萬四百六十六兩七錢三分九毫〔田一每畝米一升四合六勺銀三分九釐五毫〔遊鄉一各鄉四田〕米八合二勺銀三分六釐八毫〔長樂遊鄉四

田〕銀三分三釐二毫〔地〕銀八釐三毫〔山〕銀二釐四毫〔塘〕銀四絲〔人田丁〕共銀一錢二分一釐二毫

新昌本色米共二百九十石條折銀共一萬一百三十四兩八錢四分二釐七毫〔脊田〕每畝米一合四勺七抄銀三分七釐一毫五絲〔腴田〕米一合四勺七抄銀四分三釐三毫五絲〔地〕銀一分一釐六毫〔山〕銀三釐一毫〔塘〕銀一毫二絲〔人田丁〕共銀一錢七分四釐八毫

此外不入條鞭者惟鹽糧米數見前鹽鈔銀數見前

蕩價〔山會上〕俱入條鞭惟〔蕭山〕泒裁菱人戶出辦〔餘姚〕竈戶收花出辦數見前

油榨鈔共十二兩四錢八分二釐三毫六絲〔山陰〕五兩七分二釐六毫二絲〔會稽〕二兩一錢四分一釐八毫四絲〔上虞〕二兩八錢六分八釐五毫〔嵊〕一兩二錢七分六

釐俱油車戶出辦（新昌）一兩一錢二分三釐四毫水碓磨抵辦

門攤鈔共三百六十五兩九錢五分四釐一毫二絲（山陰會稽）共一百八十四兩一錢九分八釐八毫山陰總徵（諸暨）六十七兩八錢一分四毫七絲（餘姚）八十七兩九分一釐五毫（嵊）十九兩八分一釐三毫三絲俱舖戶出辦（新昌）七兩七錢七分二釐二絲巡攔役銀內抵辦

茶株鈔八錢九分五釐止（會稽）有山都出辦

窑竈鈔四錢三分二釐止（會稽）有窑冶戶出辦

商稅鈔一百三十八兩五分五釐九毫止（蕭山）有巡攔出辦

黃絲蔴鈔二十九兩二分六釐四毫二絲止（餘姚）有（蕭山）郎蕩

價見

前

漁課鈔共二十五兩一錢四分六釐四毫四絲〔餘姚〕十四兩三錢二分四釐〔上虞〕十兩八錢二分二釐四毫四絲俱漁戶出辦

巳上明萬曆間定額也萬曆十一年某月日餘姚縣民嚴命呈詞巡按察院批分守道行紹興府審得該縣立法每里定解銀二百兩亦甚均平但里遞貧富不等難以一例發銀零星未免傾銷折耗申道復行府下餘姚縣議得本縣多士夫應納折銀委有幾千兩者五六百兩者少則三四百兩者納戶多不過一

二百兩每石該年册定解銀二百兩則此糧之解餘者勢必藉別里之不足者爲之代解賠敗此里中不平乘上年七月定圖時攢撒田地丁册不許開寫某人姓名止據册内田地人丁酌量多寡挈當里役則里役適均田糧頗相類通計該年里内田丁多寡權其貧富分爲上中下三等其里内饒而該年富者分爲上等點運點櫃或解頭限銀糧如北折京庫米麥其該年富而里内貧者分爲中等解二限錢糧如荒絲蠟茶等項里内該年不至消乏者分爲下等或量

撥相似一名朋役解三限錢糧如南折兵餉等項里內該年委果消乏不堪准與豁免於該年內擇其四糧俱多家道殷富者免其解役僉爲櫃頭四名各管一季官給印信簿一扇完票若干銀封若干票封一樣編成字號不得參差給散該年令該年亦置印信流水簿一扇與櫃頭相同每日收銀不拘多寡令納戶自兊足數足色該年驗訖眼同納戶自入官給銀封內仍令納戶照依銀封號數挨次親筆登記簿上如銀封爲天字幾號即令書天字幾號某都某里某人納銀若干足色足數該年給與官

票一紙付照櫃頭在旁掛號登簿每晚親查櫃頭總簿并該年收簿與銀封號數相同總計若干封共銀若干兩親筆塡註仍將散封倂作一大封令該年手押其上另貯庫内俱以天平爲準每日只用該年一人不拘某都某里同赴一處魚貫投納如某名該年應解二百收二百完又輪一名該年監收挨次不紊納戶知從如收一項完足卽令該年當堂親拆差官押傾起解比限批廻附卷如此則自收自解彼亦不言多寡不言高低庶該年納戶兩無偏累可垂長久

申府轉申道呈巡按察院照詳即如議行

會稽縣志曰聞諸長老云徭賦之法蓋莫善於今之一條鞭矣第慮其不終耳其意大約謂均平之始行也下諸縣長吏自爲議縣長吏以上方崇儉奈何令已獨冐奢之嫌乃恐取其㨿於奢者一切裁罷之以報而今者每一舉動或承上片檄則往往顧槖匣而跼蹐掌槖之吏與鋪肆之人且愁見及矣至於雇役之繁且若若倉傳者亦往往直不稱勞莫肯應募故長老相與言曰誠能更派數百金於槩邑不過畝費

一毫釐不然行見千百年之大利坐變矣何者圖甔丁者將乘其隙而陰壞之也始正統間御史朱英創爲十年一役議當時便之今僅百餘年乃更之如反掌志民瘼者慎毋爲愛惜一毫釐使圖甔者得乘之以變此良法則幸甚矣

海之賦一曰鹽俱都轉運鹽使司主之不隷府縣　明萬曆間合府本折鹽共七萬三千五百六十引一千八百六十五觔九兩有奇内本色鹽三萬四千一百四引七百一十六觔十一兩有奇折色鹽三萬九千四百六十四引

一千一百四十八觔十四兩有奇〔仁和場〕二十四團一萬一千三百八十五丁濱海本色鹽八千五百五十六引一百四十七斤十一兩有奇折色鹽一萬四千四十四引一百三十斤水鄉折色鹽七十五引一百六十三斤〔西興場〕十三團二千四百九十九丁濱海本色鹽四千八百七十三引一百九十四觔十三兩有奇折色鹽一百五十二引二十五觔十三兩有奇水鄉折色鹽三千一百五十一引一十八觔四兩有奇俱於蕭山縣帶徵〔錢清場〕一十一團三千七百五十九丁濱海本色鹽八千四百一引六觔六兩有奇折色鹽四百三十六引七十二觔一兩有奇水鄉折色鹽二千四百五十五引二十觔六兩有奇於蕭山山陰縣帶徵〔三江場〕三十五團四千五百三十七丁濱海本色鹽六千六百四十四引一百四十六觔十一兩有奇折色鹽七千七百三十五引六十九觔七兩有奇水鄉折色鹽四千七百八十四引一百七十六觔二兩有奇於山陰會稽縣帶徵〔曹娥場〕十四團二千九百二

十三丁濱海本色鹽二千六百七十四引五十四觔二兩有奇折色鹽二千五百七引九十七觔二兩有奇水鄉折色鹽二百十四引一百八十觔十三兩有奇於上虞縣帶徵〔石堰場〕六十七團一萬五百九十九丁濱海本色鹽一萬二千九百五十六引一百六十八觔六兩有奇折色鹽七千七百四十五引七十一觔水鄉折色鹽九百五十引一百二十四觔十二兩有奇於餘姚縣帶徵　本色分二曰存積四分常股六分折色每引徵銀四錢

浙江通志曰浙濱海而鹽筴興漢初吳王濞置司鹽校尉于馬嗥城以煮海鹽武帝時始置鹽官法毋得私鬻孫吳置司法都尉榷其利唐置鹽鐵使設場監于湖越杭州歲得錢累十萬緡宋置都大發運使及

提舉官設鹽場于杭秀明溫台五州令商人輸芻粟得鹽南渡後屬漕司元置兩浙都轉運鹽使至元十四年置司杭州大德三年置鹽場于浙東西至正二年置檢校批驗所四于杭嘉紹溫台明置都運司專掌鹽政增置嘉興松江寧紹溫台四分司督鹽課又置寧波批驗所而分溫台批驗所爲二一掌舉掣又置鹽課司于鹽場隸都運司者二曰仁和許村隸嘉興分司者五曰西路鮑郎蘆瀝海沙橫浦隸松江分司者五曰浦東袁浦青村下沙青浦隸寧紹分司者十

五曰西興錢清三江曹娥石堰鳴鶴龍頭清泉長山穿山大嵩玉泉昌國岱山蘆花隸溫台分司者八曰長亭杜瀆黃巖長林永嘉雙穗天富南監天富北監場立官一人大者二人團立總催十人凡爲場三十五爲團五百有一爲丁七萬四千四百四十有六丁皆給灘蕩授煮器牢辦鹽一引官給工本米石引四百觔歲得鹽二十二萬二千三百八十四引三百四十九觔二兩洪武十七年易工本米以鈔引二貫五百文二十三年改辦小引丁歲十六引鹽工丁八引

餘工丁四引引二百觔歲得鹽四十四萬四千七百六十九引一百四十九觔二兩邊商中鹽者每大引輸銀八分官給引目支鹽于場率小引二而當大引一引耗五觔各爲袋場截其引角一而歸之巳告驗于運司截引角一巳製掣于批驗所又截引角一鹽過二百有五觔者沒其餘巳鬻於限地南止溫處西止徽信北止鎮江西北止廣德其地之吏又截引角一乃反引於官官司詰禁如律二十七年復竈户維役有差永樂初改令邊商每大引輸米二斗五升或

粟四斗邉量米粟貴賤道里近遠險易以爲引目正統二年併岱山蘆花場于大嵩場三年遣御史廵督鹽課改令邉商兼中淮浙鹽淮鹽十八浙十二淮鹽輸米麥浙鹽得輸雜糧又用侍郎周忱議以竈去場三十里者爲水鄉竈戸不及三十里者爲濱海滷丁水鄉丁歲出米六石給濱海丁代煎四年復竈戸税糧毋遠運工本鈔自此罷給五年併呂國場于穿山添設石沙二場三場置場官歲辦鹽課率以十八給商之守支者曰常股二貯場倉候邉乏召中曰存積價存積

重常股輕十四年增存積鹽爲十四景泰元年遣侍郎清理鹽法改令水鄉竈丁歲輸米六石貯場倉官爲給濱海竈又增存積鹽爲十六二年令商報中引目到場遲一年以上者即於常股鹽内挨支三年罷巡鹽御史尋復遣六年運司同知黄彪疏罷水鄉輸米仍煎鹽成化五年戸部疏令水鄉竈丁歲辦鹽二引以上者輸米四石三引以上者米六石併故所得草場仍給濱海竈代煎七年定存積爲十四常股十六至今因之十年巡撫右副都御史劉敷以濱海道課累

水鄉疏改水鄉鹽引折銀三錢五分場各輸于其長運司會而輸諸戶部備邊用此水鄉輸銀之始十二年詔蠲水鄉蕩價解運司此草蕩徵銀之始十八年增置天錫溝場置場官二十年御史林誠以販鹽多耗疏令濱海竈鹽並許輸半價浙西引三錢五分浙東引二錢五分歲十月輸京師此濱海本折色鹽之始二十一年增邊商浙鹽價每大引輸銀一錢六分松江府知府樊瑩疏請以蕩價抵水鄉課鹽之半立蕩戶收之餘半於各縣秋糧加耗餘米帶徵而丁盡歸有司應民役此州縣包補水鄉額

鹽之始弘治元年侍郎彭韶疏減濱海折半鹽價浙西引輸銀三錢浙東引一錢七分五釐二年疏鬻兩浙餘鹽引價一錢四分此本處賣鹽之始又疏減水鄉歲課引輸銀三錢濱海歲課常股引輸銀一錢五分存積輸鹽如故三年御史張文疏令濱海竈丁去場三十里内者煎辦三十里外者輸銀視水鄉浙西引三錢浙東引二錢十二年廢寧台二批驗所御史藍章增餘鹽價引一錢八分都御史王瓊御史邢昭繼增之引價二錢正德六年增邊商浙鹽價每大引輸銀一錢

八分八年減餘鹽價引仍一錢八分九年御史師存智疏請以本色引鹽即于兩浙開中引價三錢鹽貴則稍昂其直批驗所割沒餘鹽亦遂與商聽輸價嘉興批驗所引五錢温州二錢紹興四錢杭州四錢五分歲輸于戶部凡商鹽餘鹽及包束不得過三百觔違者沒入之嘉靖六年增邊商浙鹽價每大引輸銀四錢引價於是極重七年御史王朝用疏令濱海折色鹽水鄉竈鹽引輸銀二錢三分七釐貯運司而以二錢給商買鹽曰買補三分七釐暨諸割沒餘鹽價銀仍輸

于京師此給商買補之始十一年戸部疏減甘肅浙鹽價每大引輸銀三錢御史李磐疏均兩浙給商買補鹽數東西各九萬九千三十引其在溫台者兼支二萬六千八十五引泒如故今爲鹽場仍三十有五團仍五百有一丁一十六萬五千五百七十有四率三人而輸一人之課濱海本色鹽歲二十一萬三千二十二引七十九觔二兩有奇中爲存積鹽八萬五千二百八引一百九十一觔十兩有奇常股鹽一十二萬七千八百一十二引二百八十七觔七兩有奇折色鹽

歲一十二萬七千三百四引一百八十三觔十五兩有奇爲銀三萬一千七百六十六兩七錢有奇中爲給商銀二萬五千四百七十兩一錢三分有奇解京銀六千二百九十六兩五錢七分有奇水鄉折色鹽歲十萬四千四百四十二引八十五觔十五兩有奇爲銀二萬九千一百八十三兩二錢九分有奇中爲給商銀二萬八百八十八兩四錢八分有奇解京銀八千二百九十四兩八錢一分有奇草蕩價銀歲八千八百七十七兩六錢九分有奇餘鹽銀以稱掣多

寡爲算無定額

郡舊志曰嘗謂義以生利利以和義故爲政上者利民其次不與民爭毫末之利以致大利下者務自利予讀漢食貨志觀所稱太公立圜法管仲權輕重周景王更鑄大錢退而考鹽法之顛末未嘗不憮然也夫鹽之爲利固王者所與百姓共也謀國者以爲加賦於畝畝不若取材於川澤故不得已專之顧其始也一引之直爲粟數斗而其後或三倍焉夫直廉則市者衆市者衆則粟常積故官無轉輸之勞無寇抄

之慮而諸邊富強直高則趨利者不赴趨利者不赴則粟常乏故金帛積于内帑而塞下不得食轉輸冠抄官以爲任而商不與共憂其在緣海鹽積而不售竊販鬻以自給則私鹽之盜起夫此豈非與民爭毫末之利遂以失大利哉是故王者不言利非惡利也知害之有重於利也商利之臣其言非不可聽也其在目前非不足以爲快也然而其究未有能利者也孟子曰仁義而已矣何必曰利嗚呼可與語仁義者斯能明利害之實也夫

會稽縣舊志曰兩浙運司三十五場竈丁十六萬五千五百七十有四歲辦額鹽四十四萬四千七百六十九引一百四十九觔二兩而甘肅寧夏固原延綏大同宣府榆林代州等九邊邊各置鎮鎮兵多寡所在不同姑以每鎮萬人論之必七千爲主三千爲客而鎮臺召商中納如滿千引必派七分爲常股三分爲存積甘肅險遠引輸銀三錢其他八鎮引輸銀三錢五分即前七百引爲銀二百四十五兩又分而三之中取二分貿米一分貿草豆實之邊倉以給主兵

而商則賫引到場挨次守支常股之鹽尚餘存積三百引則與守支與目矣必臨調官兵然後召商中納其價獨重易糧給兵如前而賫引到場得越次先支此明初法也成化以後漸亦難行如商引合支常股而本場獨有存積合支存積而本場獨有常股既不得通融復不許更煑又或鹽積而商久不至則耗鹽商至而鹽久不出則病商於是當事者疏請合計全浙竈丁與九邉報中引目不論常股存積悉議徵銀於竈丁引二錢三分七釐總輸於運司商至引給銀

二錢一分八釐隨得返邊報中環轉不休而引目仍聽其轉貿徽浙内商令内商得以自貿竈鹽初法盡旼矣

皇清康熙十年合府田地山蕩池塘溇浜瀝港共六萬七千七百一十八頃九十一畝六分六釐一毫

田三萬八千九百七十頃七十一畝九分四釐三毫八絲九忽

地六千五百七十八頃五十七畝三分九毫四絲一忽

竈戶田地五十八頃四十畝三分二釐八毫

山二萬七百八十四頃九十六畝三分三釐五絲六忽

蕩池塘漊浜瀝港一千二百三十頃二十五畝二分三釐四毫二絲零

鈔蕩九十六傾五分一釐五毫

人丁二十五萬六百九十六丁五分

合計田地山蕩池塘漊浜瀝港人丁等項共徵本色糧四萬五千九百五十七石三斗六升四合四勺零

折色銀四十萬七千八百九十九兩一錢四分五毫零

山陰縣田地山蕩池漊共一萬五千三百二十四頃八十七畝五分一釐六毫九絲六忽

田六千二百五十二頃五十畝五分七釐二毫四絲内原額田六千二百一十七頃四十七畝二分七釐四毫康熙六年清丈鈌田一十九頃一十九畝一分六釐三毫一絲新增丈出田五十四頃二十二畝四分六釐一毫五絲

地五百五十六頃六十一畝二分七釐六毫内原額地五百二十七頃五十七畝五分九釐七毫康熙六年清丈無鈌新增丈出地二十九頃三畝六分七釐九毫

竈戸沙田地五十八頃四十畝三分二釐八毫內原額竈戸田地五十三頃二十一畝五分一釐六毫康熙六年清丈無缺新增丈出竈戸川地五頃一十八畝八分二釐二毫

山七千八百三十八頃六十九畝三分三釐三毫內原額山七千七百七十九頃八十八畝六分九釐二毫康熙六年清丈無缺新增丈出山五千八百八十畝六分四釐一毫

池溇蕩共六百一十八頃六十六畝七毫五絲六忽內原額池溇蕩五百四十六頃四十七畝八分二釐三毫康熙六年清丈缺池溇蕩八畝一分六釐五毫新增丈出池溇蕩七千二百二十六畝三分四釐九毫五絲六忽

竈戶沙田地五十八頃四十畝三分二釐八毫內原額中沙田三千六百二十二畝一分三釐一毫康熙六年清丈無缺新增丈出田五畝三分七釐七毫原額江沙田一千畝一分三釐康熙六年清丈無缺新增丈出田五百一十二畝四分四釐八毫原額沙地六百九十九畝二分五釐五毫康熙六年清丈無缺新增丈出地九分八釐七毫

人丁三萬七千二百一十四丁內原額丁三萬一千七百四十八丁今增市民一十一丁鄉民一百一十一丁又原額竈戶丁五千三百四十四丁今仍如額

合計田地山蕩池溇竈戶田地人丁等項共徵本色糧一萬七千八百三十七石七斗九升六合五勺零折色銀八萬三千一百五十六兩四錢九分六釐二

毫零

一起運

各部寺本折正賦裁扣等銀通共四萬八千四百八十三兩二錢四分九釐零滴珠鋪墊路費通共銀三百三十五兩三錢九分八釐六毫零內分别

户部項下本色共銀四十五兩七錢五分七釐二毫九絲八忽零鋪墊路費共銀八兩五錢五分六釐八毫零內顏料銀二十三兩六錢七分四釐三忽零鋪墊銀五兩七錢一分五釐九毫七絲八忽零解損路費銀二兩八錢四分八毫八絲零黄蠟銀一十五兩四錢一釐三毫二絲芽茶銀六兩六錢八分一

釐九毫七
絲五忽
折色共銀一萬八千五百三十二兩六錢
七分一釐六毫零滴珠路費共銀二百三十兩七錢
四分一毫零
內金花銀四千七百四十二兩九錢七
分六釐七毫五絲滴珠路費銀一百二
十八兩六分三毫七絲二忽零農桑絹折銀一十四
兩七錢路費銀一錢四分七釐派剩米折銀六百五
十三兩六錢四分一釐一毫七絲二忽零路費銀七
兩八錢四分三釐六毫九絲四忽零折色蠟價銀三
百四十七兩四錢二分六釐路費銀三兩四錢七分
四釐二毫六絲富戶銀二十四兩路費銀二錢四分
昌平州銀四兩路費銀四分芽茶銀七兩五錢六分
二釐五毫五絲路費銀七分五釐六毫二絲五忽零
葉茶銀四兩八錢二分七釐二毫五絲路費銀四分
八釐二毫七絲二忽零黃蠟銀一百兩三錢三分一
釐五毫七絲七忽零路費銀一兩三釐三毫一絲五
忽零江南藥價銀六錢七分一釐六毫津貼路費銀

一錢三分四釐三毫二絲柴直銀一百四十一兩六錢路費銀一兩四錢一分六釐顏料改折銀二百四十五兩六錢五分六毫六絲三忽零路費銀二兩四錢五分六釐五毫六忽零鹽鈔銀一十六兩七錢六分四釐五毫九絲八忽零路費銀二錢一釐一毫七絲五忽零又九釐銀一萬二千二百二十八兩五錢一分九釐四毫四絲路費銀八十五兩五錢九分九釐六毫三絲六忽零

禮部光祿寺項下本色藥材料價銀五兩六分六釐四毫四絲津貼路費銀二兩五錢三分三釐二毫二絲折色共銀一百三十七兩六錢八分一絲路費共銀九兩九錢四分七釐四毫九絲三忽內牲口銀七十七兩五錢路費銀七錢七分五釐藥材銀一十七兩四錢九分一釐二毫一絲津貼路費銀八兩七錢四分五釐六

毫五忽菓品銀三十三兩箓笋銀九兩六錢八分八釐八毫路費銀四錢二分六釐八毫八絲八忽

工部項下本色桐油銀一十五兩九錢九釐四毫零墊費銀五十三兩五錢八分九釐六毫折色共銀三千九百一十一兩二錢九分二釐六毫零路費共銀一十兩九錢五分八釐一毫零內麂狐皮銀三兩六錢匠役銀六兩三錢一分三釐五毫路費銀六分三釐一毫二絲五忽桐油改折并墊費銀六十九兩四錢九分九釐一絲二忽零路費銀六錢九分四釐九毫九絲零漆木銀七兩八錢九釐四毫牛角銀一千二十兩路費銀一十兩二錢箭銀三百九兩弦銀一百七十兩三錢胖襖銀一百九十七兩五錢三分八釐二毫三絲七忽工料銀六百七十兩歲造段疋銀七百八十五兩八錢七分六釐軍三軍器并路費銀三百二十三兩四錢

五分二毫軍器民七銀三百三十七兩八錢八分七釐四毫軍器路費銀一十兩一分八釐八毫

舊編存留項内今裁改解部充餉共銀二萬五千八百三十二兩八錢七分一釐六毫零路費共銀一十九兩七分三釐二毫零

内捕盜銀五十七兩六錢行香銀九兩馬價銀一千七百五十四兩一釐九絲九忽零路費銀一十七兩五錢四分一絲零府縣預備倉經費銀五十三兩二錢如坻三江倉經費銀四十五兩四錢府縣備用銀一百七十五兩五錢三江白洋黃家堰巡司弓兵銀三十七兩二錢積餘銀六十兩九錢七分九釐二毫三絲二忽零積餘米易銀二十二兩七錢五分五釐二毫一絲八忽零順治九年裁扣銀二百八十七兩六錢順治十二年裁扣銀九十八兩順治十四年裁減銀二千四百九兩六錢九分五釐膳夫裁銀一百二十兩裁官經費銀一百四十一兩四分康熙元年新裁

吏書工食銀四百八兩康熙二年盡裁生員廩糧銀一百五十二兩又裁倉庫學書工食銀二十六兩四錢康熙三年裁教職銀一百五十九兩三錢六分新增人丁銀二兩八錢四分優免克餉銀二千九十七兩一錢六分八毫學道歲考銀三十兩里馬銀三十六兩漕運月糧三分撥還軍儲銀二千五百四十九兩五分七釐三毫二絲四忽零南折銀三千一百一十四兩二分四釐九毫軍儲克餉銀一萬一千八百三十二兩七錢三分八釐五絲三忽零會同館馬價銀一百五十三兩三錢二分路費銀一兩五錢三分三釐三毫

運司解部克餉完字號座船水手銀二兩以上皆起運

一存留

通共存留銀三萬一千八百三十五兩三錢二釐零

內於本省額編兵餉內提出軍儲南折二款彙列充
餉外實該兵餉銀一萬七千二百二十四兩六錢一
分五釐九毫零內田地山銀五千三百一十四兩一錢八釐九毫五絲八忽零預備秋米折銀二千六百九十一兩六錢七分七釐三毫七忽零均徭兌餉銀四百一十二兩二錢民壯兌餉銀六百八十五兩一錢三分本府倉歲餘米銀二千八百九十八兩三錢九分三釐二毫九絲八忽零續撥軍儲兌餉銀二千六百一十七兩三錢五釐二毫二忽舊額軍儲兌餉銀八百五十二兩三錢一分七釐五毫曆日兌餉銀一十一兩三錢五分裁冗內減銀一十六兩五錢六分存縣夫馬仍以諸暨縣協濟抵解外實該裁冗銀一千七百四十二兩一錢三分三釐六毫八絲
解司共銀九百一十五兩七錢六分三釐三毫零內科

舉銀一百六十兩六錢五分六釐會試舉人水手銀二百兩武舉銀一兩七分星稅銀二兩五錢曆日銀二十六兩二錢五分二釐三毫戰船銀九十四兩五分九毫解司備用銀二百六兩二錢三分四釐一毫四絲布政司解戶銀四十五兩左布政司皂隸十二名廣濟庫庫夫十三名共銀一百五十兩彬字號座船水手銀一十五兩漁字號座船水手銀一十兩節字號座船水手銀五兩

存留府縣共銀四千一十八兩八錢一分四釐一毫零內進表銀三兩四錢三分九釐官役俸食心紅等項內守紹道俸銀一百三十兩心紅銀五十兩守處道快手十二名共銀七十二兩皂隸十二名共銀七十二兩布政司經歷司門皂馬夫六名共銀三十六兩紹台道皂隸十二名共銀七十二兩寧紹分司門子二名共銀一十二兩皂隸十二名共銀七十二兩轎傘扇夫七名共銀四十二兩本府知府員下燈夫四名共銀二十四兩轎傘扇夫七名共銀四十二

兩推官員下燈夫二名共銀一十二兩轎傘扇夫七名共銀四十二兩經歷俸銀四十兩門皂馬夫六名共銀三十六兩司獄俸銀三十一兩五錢二分皂隸二名共銀一十二兩教授俸銀三十一兩五錢二分齋夫六名共銀七十二兩膳夫十六名共銀八十兩門子三名共銀二十一兩六錢輿馬草料銀一十二兩三江白洋巡檢二員共俸銀六十兩四分皂隸四名共銀二十四兩蓬萊驛驛丞俸銀三十一兩五錢二分皂隸二名共銀一十二兩紹興批驗所大使俸銀三十一兩五錢二分皂隸二名共銀一十二兩本縣知縣俸銀四十五兩心紅銀二十兩門子二名共銀一十二兩皂隸十六名共銀九十六兩馬快八名共銀一百三十四兩四錢民壯五十名共銀三百兩燈夫四名共銀二十四兩禁卒八名共銀四十八兩脩理倉監銀二十兩轎傘扇夫七名共銀四十二兩庫子四名共銀二十四兩斗級四名共銀二十四兩縣丞俸銀四十兩門皂馬夫六名共銀三十六兩典史俸銀三十一兩五錢二分門皂馬夫六名共銀三

十六兩教諭俸銀三十一兩五錢二分齋夫六名共銀七十二兩膳夫八名共銀四十兩門子三名共銀二十一兩六錢喂馬草料銀一十二兩祭祀賓興內本府祭祀銀一百九十四兩四錢八分文廟香燭銀三兩六錢迎春銀五兩本縣祭祀銀七十一兩文廟香燭銀一兩六錢迎春銀三兩鄉飲銀一十兩季考銀三十六兩本府歲貢路費旗匾銀三十兩七錢五分觀風銀三十六兩雜支內守道新任祭門等銀四錢二分府縣新官到任祭門等銀六兩九錢九分府縣塋遷祭江等銀五兩五錢本府解戶銀四十五兩看守禹王廟門子共銀六兩看守分司門子共銀六兩存縣鹽捕十七名共銀一百二十二兩四錢三江巡司弓兵銀三十二兩四錢鹽課并滴珠銀五十兩四錢三分九釐四毫白洋巡司弓兵銀一十八兩鹽課并滴珠銀二十二兩三錢九分七釐七毫六絲黃家堰巡司弓兵銀六十一兩二錢鹽課并滴珠銀一十六兩九錢六分八釐各舖司兵共銀四百一十二兩八錢澗夫銀二十七兩脩城民七銀五十二兩五

錢六分六釐脩理塘閘銀八十八兩九錢三分二毫脩理官船并水手銀四十兩脩理鄉飲器皿等銀一十兩存縣備用銀八十九兩三分六釐六絲零府縣重囚口糧銀七十二兩二三年一辦內本縣歲貢路費旗匾等銀三十三兩迎宴新舉人銀一十九兩起送會試舉人等銀二十八兩三錢八分四釐四毫賀新進士等銀一十兩六錢六分六釐六毫六絲起送科舉生員等銀四十八兩八分六釐七毫內外賦不入田畝銀四兩八錢五分一釐二絲

隨漕項下共銀七千四百三十五兩一錢一分六釐九毫零　内貢具銀二百一十兩二錢三分三釐四毫三絲零廩工銀五百六十一兩六錢月糧七分給軍銀五千九百四十七兩八錢四毫二絲三忽零淺船銀七百一十五兩四錢八分三釐一毫

兵部項下共銀二千二百四十兩九錢九分二釐一

毫
內驛站銀五百二十二兩四錢三分二釐一毫經
臨公幹官員合用心紅紙劄等銀三十兩合用門
皂銀一百兩僱夫銀一千一百九十八兩八錢厨馬
銀一百二十六兩裁冗兵餉內扣存夫馬銀一十六
兩五錢六分差船銀
二百四十七兩二錢

本年額徵米通共一萬七千八百三十七石七斗九升六合五勺零內除孤貧口糧米九百九十石奉裁充餉已入順治十四年裁減數內又收零積餘米二十三石七斗五升五合二勺一抄八撮七圭每石易銀一兩充餉外實該解省南米一萬二千四百五十三石七升一抄月糧米四千二百八十石四斗四升

七勺祭祀米五石

一隨糧帶徵鹽課共銀一千五百七十七兩七分二釐九絲零車珠銀二十六兩八錢一分二毫零內水鄉蕩價銀一千一百三十九兩六錢四分六釐六毫五絲六忽零折色銀二百三十六兩三錢四分六釐本色銀一百四十五兩三毫塗田地稅銀四十兩八錢二分八釐五毫六絲一忽三江閘沙田地差銀一十三兩五錢九分四釐一毫六絲一忽商稅銀一兩六錢四分五釐四毫一絲九忽車珠銀二十六兩八錢一分二毫八忽零

一額外歲徵漁課折色銀一百五十二兩一毫零路費銀一十五兩[illegible]錢一絲零俱原額奉文稅糧內派徵

以上通共起運銀五萬二百一十二兩三錢二分三毫零滴珠鋪墊路費銀三百七十七兩四錢八釐九毫零存留銀三萬一千八百三十五兩三錢二釐五毫零今奉

旨彙解戶部本折正賦裁扣等各項通共銀五萬二百一十二兩三錢二分三毫零滴珠鋪墊路費銀三百七十七兩四錢八釐九毫零存留本省兵餉銀一萬七千二百二十四兩六錢一分五釐零存留各項雜支銀共一萬四千六百一十兩六錢八分六釐五

毫零南月糧米一萬六千七百三十三石五斗一升

七勺一抄祭祀米五石

遇閏地畝加銀一千三百二十九兩八錢九分九釐

八毫零外賦加銀二錢二分一釐六毫共加閏銀一

千三百三十兩一錢二分一釐四毫零

一起運以遇閏而言

本折正賦裁扣等銀三百七十四兩七錢八分七釐

三毫零路費銀一兩四錢三釐七毫零內分別

戶部項下折色共銀一十兩三錢九分七釐四毫九

忽零路費共銀一錢六釐七毫六絲四忽零内柴直銀九兩路費銀九分鹽鈔銀一兩三錢九分七釐四絲九忽零路費銀一分六釐七毫六絲四忽零

工部項下折色共銀三十九兩三錢三分七釐四毫五忽零路費銀五釐二毫七絲四忽内匠役銀五錢二分七釐四毫路費銀五釐二毫七絲四忽歲造段疋銀三十八兩八錢一分五忽零

舊編存留項内今裁改解部充餉共銀三百一十一兩九錢六分八釐九毫五絲内弓兵銀三兩一錢順治九年裁加銀二十二兩三錢順治十四年裁減銀四十三兩七錢膳夫裁銀九兩九錢九分九釐九毫五絲裁官經費銀一十一兩七錢五分三釐二毫康熙元年新裁吏書工食銀三十四兩又裁倉庫學書工食銀二兩二錢康熙

三年裁教職銀一十兩二錢七分九釐八毫
月糧三分銀一百七十四兩六錢三分六釐

運司解部克餉完字號座船水手銀一錢六分六釐

六毫七絲

漁課銀一十二兩九錢一分七釐二毫四絲一忽零

路費銀一兩二錢九分一釐七毫二絲四忽零

一存留以遇閏而言

通共存留銀九百五十三兩九錢三分五毫九絲六

忽内分别

本省兵餉共銀一百五十三兩四錢六分六釐八毫

六絲内民壯銀六十六兩六錢裁冗銀五十二兩二錢五分三釐五毫二絲六忽零塩米折銀三十四兩六錢一分三釐三毫三絲三忽零

解司共銀一十五兩三錢八分三釐四毫九絲内左布政司皂隷廣濟庫庫夫銀一十二兩五錢暦日銀三錢八分三釐五毫彬字號座船水手銀一兩二錢五分漁字號座船水手銀八錢三分三釐三毫三絲節字號座船水手銀四錢一分六釐六毫六絲

隨漕月糧銀四百七兩四錢八分四釐

存縣各項雜夫共銀二百四十九兩一錢九分六釐二毫四絲六忽内守紹道俸銀一十兩八錢三分三釐三毫守處道快手十二名銀六兩皂隷十二名銀六兩布政司經歷司門皂馬夫六名銀三兩紹台道皂隷十二名銀六兩寧紹分司門子

二名銀一兩皂隸十二名銀六兩轎傘扇夫七名銀三兩五錢本府知府燈夫四名銀二兩轎傘扇夫七名銀三兩五錢推官燈夫二名銀一兩轎傘扇夫七名銀三兩五錢經歷俸銀三兩三錢三分三釐三毫門皂馬夫六名銀三兩司獄俸銀二兩六錢二分六釐六毫皂隸二名銀一兩教授俸銀二兩六錢二分六釐六毫齋夫六名銀六兩膳夫十六名銀六兩六錢六分六釐六毫五絲門子三名銀一兩八錢三江所巡檢俸銀五兩二錢五分三釐二毫皂隸四名銀二兩蓬萊驛驛丞俸銀二兩六錢二分六釐六毫皂隸二名銀一兩紹興批驗所大使俸銀二兩六錢二分六釐六毫皂隸二名銀一兩本縣知縣俸銀三兩七錢四分九釐九毫門子二名銀一兩皂隸十六名銀八兩馬快八名銀一十一兩二錢民壯五十名銀二十五兩燈夫四名銀二兩禁卒八名銀四兩轎傘扇夫七名銀三兩五錢庫子四名銀二兩斗級四名銀二兩縣丞俸銀三兩三錢三分三釐三毫門皂馬夫六名銀三兩典史俸銀二兩六錢二分六釐二

毫門皂馬夫六名銀三兩教諭俸銀二兩六錢二分六釐六毫齋夫六名銀六兩膳夫八名銀三兩三錢三分三釐三毫門子三名銀一兩八錢看守禹王廟門子二名銀五錢看守分司門子二名銀五錢本府鹽捕九名銀五兩四錢本縣鹽捕八名銀四兩八錢三江巡司弓兵銀二兩七錢又鹽課銀四兩二錢三釐二毫一絲六忽白洋巡司弓兵銀一兩五錢又鹽課銀一兩八錢六分六釐四毫八絲各鋪司兵銀二十四兩四錢黃家堰巡司弓兵銀五兩一錢又鹽課銀一兩四錢一分四釐閘夫銀二兩二錢五分脩理官船并水手銀二兩五錢

兵部項下共銀一百二十八兩四錢（内僱夫馬銀二百一十三兩四錢又差船加役銀一十五兩）

遇閏加米三百五十二石一升六合（係運丁月糧）

一額外匠班銀一百七十五兩八錢九分一釐五毫

又當稅銀一百兩并牙稅雜稅等銀歲無定額賦役全書不載至於年終以收過數目造報查核

會稽縣田地山池塘漊并鈔蕩共七千一百四十二頃七十一畝八分八釐一毫七絲二忽

田四千三百八十九頃五十四畝三釐一絲八忽內原額田四千三百七十九頃八釐八毫康熙六年清丈缺田十頃九十八畝九分八釐八毫二絲新增丈出田二十一頃五十二畝九分三釐三絲八忽

地三百九十六頃七十二畝三分四釐五毫七絲內原

額地三百八十七頃六十四畝三分五釐二毫康熙六年清丈缺地一十五頃七十七畝二分三釐六毫八絲新增丈出地二十四頃八十五畝二分三釐五絲

山二千二百四十三頃二十六畝五分一釐六毫内原額山二千二百四十三頃五十七畝四分五釐四毫康熙六年清丈缺山三十畝九分三釐八毫

池塘漊蕩共一十八頃一十八畝四分七釐四毫八絲四忽内原額池塘漊蕩共一十五頃七十三畝六分二釐七毫康熙六年清丈無缺漸增丈出池塘漊二頃四十四畝八分四釐七毫八絲四忽

鈔蕩九十六頃五分一釐五毫内原額鈔蕩八十七頃七十五畝六分康熙六年清丈無缺新增丈出鈔蕩八頃二十四畝九分一釐五毫

人丁二萬五百八十四丁五分內原額人丁一萬五百四十九丁今增一萬三十五丁五分

合計田地山池塘漊蕩人丁等項共徵本色糧一萬一千五百六石四斗八升九勺零折色銀五萬三千三百二十五兩一分五釐七毫零

一起運

各部寺本折正賦裁扣充餉等銀通共二萬八千七百四十七兩一錢四分七釐八毫零滴珠鋪墊路費共銀二百二十六兩四錢八分三釐七毫零內分別

戸部項下本色共銀三十六兩九分六釐一絲零鋪墊路費銀八兩五錢五分六釐八毫零内顔料銀二十三兩六錢七分四釐三忽零鋪墊銀五兩七錢一分五釐九毫七絲零解損路費銀二兩八錢四分八毫八絲零黄蠟銀八兩六錢六分三釐三毫七絲芽茶銀三兩七錢五分八釐六毫四絲零折色共銀一萬三百三十五兩一錢五分八釐五毫零滴珠路費銀一百三十七兩九分一釐二毫零内金花銀三千三十五兩八錢一分七釐三毫二絲五忽滴珠路費銀八十一兩九錢六分七釐六絲零農桑絹折銀四兩六錢二分七釐五毫路費銀四分六釐三毫七絲五忽泒剩米折銀三百九十八兩三錢五分六釐三毫三絲零路費銀四兩七錢八分二毫七絲零折色蠟價銀一百九十五兩四錢三分七釐路費銀一兩九錢五分四釐

三毫七絲富戶銀二十兩路費銀二錢昌平州銀四兩路費銀四分芽茶銀四兩二錢五分三釐九毫六絲零路費銀四分二釐五毫三絲零葉茶銀二兩七錢一分五釐五毫路費銀二分七釐一毫五絲五忽黃蠟銀五十六兩四錢三分七釐三毫二絲零路費銀五錢六分四釐三毫七絲零江南藥價銀三錢八分三釐二毫三絲四忽津貼路費銀七分六釐六毫四絲零柴直銀一百六兩七錢路費銀一兩六分七釐顏料改折銀二百四十五兩六錢五分六毫六絲零路費銀二兩四錢五分六釐五毫零鹽鈔銀八兩七錢一分二釐三毫一絲零路費銀一錢四釐五毫四絲零又九釐銀六千二百五十二兩五分七釐四毫四絲路費銀四十三兩七錢六分四釐四毫零

禮部光祿寺項下本色藥材料價銀二兩八錢九分一釐三毫六忽津貼路費銀一兩四錢四分五釐六

毫五絲三忽薦新芽茶袋袱簍損路費銀二十兩折色共銀六十九兩八錢五分八毫九絲路費銀五兩五錢八分九釐六毫三絲五忽内椎口銀三十七兩路費銀三錢七分藥材折色銀九兩九錢八分一釐八毫九絲津貼路費銀四兩九錢九分九毫四絲五忽果品銀一十七兩四錢菓笋銀五兩四錢六分九釐路費銀二錢二分八釐六毫九絲

工部項下本色桐油銀九兩六分四釐九毫墊費銀三十兩五錢三分四釐四毫折色共銀二千三百六十九兩四錢三分七釐九毫一絲路費共銀六兩七錢三分一釐九毫四絲四忽内麂狐皮銀二兩四錢匠役銀三兩五錢九分

五釐一毫路費銀三分五釐九毫五絲一忽桐油折銀三十九兩五錢九分九釐三毫路費銀三錢九分五釐九毫九絲三忽漆木銀四兩四錢四分五釐九毫十角銀六百三十兩路費銀六兩三錢箭銀一百九十兩九錢弦銀一百四兩七錢胖襖銀一百一十二兩四錢八分五釐五毫一絲工料銀四百二十兩三錢歲造段疋銀四百四十七兩四錢五分八釐五毫軍三軍器弁路費銀二百一十五兩四錢六分一釐五毫軍器民七銀一百九十二兩三錢八分七釐七毫軍器路費銀五兩七錢四釐四毫

舊編存留項内今裁改解部充餉共銀一萬五千九百二十三兩四錢四分八釐二毫零路費銀一十六兩五錢三分三釐九毫零內捕盜銀五十七兩六錢行香銀九兩馬價銀一千六百五十三兩三錢九分八釐五毫零路費銀一十六兩五錢三分三釐九毫八絲零府縣預備倉經費

銀九十兩四錢如抵倉經費銀一十八兩四錢府縣備用銀一百四十兩五錢各役工食裁剩銀一兩五錢一釐九毫八絲零積餘銀四十八兩八錢二分九釐二毫八絲零積餘米易銀三十一兩四錢四釐六毫九絲零順治九年裁扣銀三百三十二兩順治十二年裁扣銀二十六兩順治十四年裁減銀一千六百六十六兩一錢三分七釐膳夫裁銀四十兩裁官經費銀四十九兩五錢二分康熙元年新裁吏書工食銀一百六十二兩康熙二年盡裁生員廩糧銀六十四兩又裁倉庫學書工食銀一十九兩二錢康熙三年裁教職銀五十七兩九錢二分優免充餉銀一千三百六十五兩六錢五分二釐四毫學道歲考銀二十八兩七錢五分里馬銀五十一兩二錢四分漕運月糧三分撥還軍儲銀二千一百六十四兩六分二釐六毫七絲零軍儲充餉銀四千七百三十一兩九錢六釐六毫八絲零南折充餉銀三千一百一十四兩二分

四釐九毫

運司解部充餉完字號座船水手銀一兩二錢

一存留

通共存留銀二萬四千五百五十兩八錢八分七釐三毫零内分別

本省額編兵餉内提出軍儲南折彙列充餉外實該兵餉銀一萬一千九百四十六兩二錢八釐二毫零

内田地山銀三千四百三十三兩一錢二分二釐七毫零預備秋米折銀二千七百四兩三錢五分四釐二毫均徭充餉銀一百五十兩民壯充餉銀五百八十兩二錢曆日充餉銀六兩五錢五分本府倉歳餘米折銀一千九百二十八兩二分四釐八毫七絲零舊額撥充餉銀六百四十七兩六錢八分二釐五毫

續撥軍儲充餉銀一千一百二十六兩三錢二分三釐三毫五絲裁冗銀一千三百七十兩五分六毫零

外賦抵經費銀八兩四錢一分五釐二毫

解司共銀六百四十二兩九錢二分九釐一毫零內科舉銀九十一兩四錢七分四釐七毫四絲三忽會試舉人水手銀一百一十二兩武舉銀六錢一分顧稅銀二兩五錢曆日銀一十四兩八錢五分九釐八毫戰船銀五十三兩五錢四分八釐八毫解司備用銀一百五十七兩九錢三分五釐八毫二絲右司快手六名舖兵二名共銀四十八兩廣濟庫庫夫十七名共銀一百二兩布政司解戶銀六十兩

府縣存留共銀二千九百六十二兩三錢六分九釐四毫四絲內進表等銀二兩七錢三分七釐官役俸食心紅等項內守紹道快手十二名共銀

七十二兩紹台道門子四名共銀二十四兩舖兵二名共銀一十二兩同知員下燈夫二名共銀一十二兩轎傘扇夫七名共銀四十二兩推官俸銀四十五兩心紅銀二十兩門子二名共銀一十二兩步快八名共銀四十八兩皂隸十二名共銀七十二兩照磨俸銀三十一兩五錢二分門皂馬夫六名共銀三十六兩三江錢清曹娥三塲大使三員共俸銀九十四兩五錢六分皂隸六名共銀三十六兩東關驛驛丞俸銀三十一兩五錢二分皂隸二名共銀一十二兩本縣知縣俸銀四十五兩心紅銀二十兩門子二名共銀一十二兩皂隸十六名共銀九十六兩馬快八名共銀一百三十四兩四錢民壯五十名共銀三百兩燈夫四名共銀二十四兩禁卒八名共銀四十八兩修理倉監銀二十兩轎傘扇夫七名共銀四十二兩庫子四名共銀二十四兩斗級四名共銀二十四兩縣丞俸銀四十兩門皂馬夫六名共銀三十六兩典史俸銀三十一兩五錢二分門皂馬夫六名共銀三十六兩教諭俸銀三十一兩五錢二分齋夫六名

共銀七十二兩膳夫八名共銀四十兩門子三名共銀二十一兩六錢喂馬草料銀一十二兩祭祀賓興內本府祭祀銀一百二十九兩三錢六分九釐九毫迎春銀四兩本縣祭祀銀七十一兩文廟香燭銀一兩六錢迎春銀三兩鄉飲銀一十兩季考銀三十六兩本府歲貢路費旗匾銀三十兩七錢五分覲風銀三十六兩雜支內守道新任祭門等銀二錢八分府縣新官到任祭門等銀五兩六錢一分府縣陞遷祭江等銀四兩五錢看守宋理宗廟門子銀三兩看守公署門子銀三兩府縣鹽捕十四名共銀一百兩八錢各舖司兵共銀四百二十四兩二錢渡夫銀二十三兩四錢閘夫共銀九兩修城民七銀三十兩四錢三分一釐修理官船併水手銀三十八兩修理鄉飲公宴器皿等銀五兩存縣備用銀六十八兩四錢三分六釐七毫八絲府縣獄囚口糧銀七十二兩二三年一辦內本縣歲貢路費旗匾銀三十三兩迎賓新舉人等銀二十四兩三錢三分四釐起送會試舉人等銀二十八兩三錢八分四釐四毫賀新進士等銀

一千兩六錢四分九釐六毫六絲起送科舉
生員等銀四十三兩二錢四分六釐七毫
隨漕項下折色共銀五千五百九十二兩三錢三分
三釐八毫零內貢具銀一百三十五兩四錢七分三釐九毫七絲零月糧七分給軍餉銀五千四十九兩四錢七分九釐五毫七絲零淺船銀四百七兩三錢八分三毫
兵部項下共銀三千四百六兩九錢四分六釐六毫
二絲六忽內驛站銀一千七百九十三兩五錢八分六釐六毫二絲六忽經臨公幹官員合用心紅等銀三十兩合用門皂銀一百兩顧夫馬銀一千二百五十六兩一錢六分差船銀二百二十七兩二
錢
本年額徵米通共一萬一千五百六石四斗八升九

勺零内除孤貧口糧米九百五十四石奉裁充餉已入順治十四年裁減數内又收零積餘米三十一石四斗四合六勺零每石易銀一兩充餉外實該解省南米六千七百八十一石五斗三合四勺祭祀米五石月糧米三千五百八十六石九斗六升五勺

一隨糧帶徵鹽課銀三百八十九兩四錢六分七毫七絲零車珠銀六兩六錢二分八毫零内水鄉蕩價銀三百八十七兩九錢六分二釐七毫七絲零曹娥塲小金園稅銀一兩四錢九分八釐車珠銀六兩六錢二分八毫三絲零小金園稅不入田畝銀一兩五錢二分三釐四毫六絲零

一額外歲徵漁課折色銀七十五兩三錢一分二釐五毫路費銀七兩五錢三分一釐二毫零俱原額隨糧帶徵

以上通共起運銀二萬九千二百一十一兩九錢二分一釐零滴珠路費銀二百四十兩六錢三分五釐八毫零存留銀二萬四千五百五十兩八錢八分七釐三毫零奉

旨彚解戶部本折正賦裁扣等各項通共銀二萬九千二百一十一兩九錢二分一釐零滴珠鋪墊路費銀二百四十兩六錢三分五釐八毫零存留本省兵

餉銀一萬一千九百四十六兩三錢八釐二毫零存留各項雜支銀共一萬二千六百四兩五錢七分九釐零南米月糧米一萬三百六十八石四斗六升三合九勺祭祀米五石

遇閏地畝加銀七百九十六兩九分九釐六毫五絲零外賦課鈔加銀四錢七分六釐六毫三絲八忽共加閏銀七百九十六兩五錢七分六釐二毫零

一起運以遇閏而言

本折正賦弁裁扣共銀一百七十六兩七錢九分一

釐八絲零路費共銀七錢九釐五毫七絲零內分別

戶部項下折色共銀七兩七錢三分六釐二絲零路費銀七分八釐八毫三絲零內柴值銀七兩路費銀七分鹽鈔銀七錢三分六釐二絲零路費銀八釐八毫三絲二忽零

工部項下折色共銀二十二兩三錢九分七釐六絲零路費銀二釐九毫九絲五忽內匠役銀二錢九分九釐五毫路費銀二釐九毫九絲五忽歲造叚疋銀二十二兩九分七釐五毫六絲零

舊編存留項內今裁改解部充餉共銀一百四十兩二錢八分五毫內月糧三分撥還軍儲銀七十四兩八錢四分四釐順治九年裁扣銀二

十六兩順治十四年裁扣銀一十三兩五分膳夫裁銀三兩三錢三分三釐三毫裁官經費銀四兩一錢二分六釐六毫康熙元年新裁吏書銀一十三兩五錢又裁倉庫學書銀一兩六錢康熙三年裁教職銀三兩八錢二分六釐六毫

漁課折色銀六兩二錢七分七釐五毫路費銀六錢二分七釐五毫五絲

運司解部充餉完字號座船水手銀一錢

一存留以遇閏而言

通共存留銀六百一十九兩七分五釐六毫零內分別

本省兵餉共銀一百二十二兩九錢六分八釐五毫零內民壯銀五十六兩四錢會裁冗役銀四十二兩七錢四分二釐三毫零預備米折銀二十三兩八錢二分六釐一毫零

解司共銀一十二兩七錢一分八釐五毫內廣濟庫庫夫一十七名銀八兩五錢右布政司快手六名銀三兩舖兵二名銀一兩曆日銀二錢一分八釐五毫

隨漕月糧銀一百七十四兩六錢三分六釐存縣各項雜支共銀一百八十六兩二釐六毫內守紹道快手一十二名銀六兩紹台道門子四名銀二兩舖兵二名銀一兩同知員下燈夫二名銀一兩轎傘扇夫七名銀三兩五錢推官俸銀三兩七錢四分九釐九毫門子二名銀一兩步快八名銀四兩皂隷一十二名銀六兩照

磨俸銀二兩六錢二分六釐六毫門皂馬夫六名銀三兩三江錢清曹娥三場大使俸銀七兩八錢七分九釐八毫皂隸六名銀三兩東關驛驛丞俸銀二兩六錢二分六釐六毫皂隸二名銀一兩知縣俸銀三兩七錢四分九釐九毫門子二名銀一兩皂隸一十六名銀八兩馬快八名銀一十一兩二錢民壯五十名銀二十五兩燈夫四名銀二兩禁卒八名銀四兩轎傘扇夫七名銀三兩五錢庫子四名銀二兩斗級四名銀二兩縣丞俸銀三兩三錢三分三釐三毫門皂馬夫六名銀三兩典史俸銀二兩六錢二分六釐六毫門皂馬夫六名銀三兩教諭俸銀二兩六錢二分六釐六毫齋夫六名銀六兩膳夫八名銀三兩三錢三分三釐三毫門子三名銀一兩八錢看守宋理宗廟門子一名銀二錢五分看守公署門子一名銀二錢五分府縣鹽捕銀八兩四錢各舖司兵銀三十五兩三錢五分渡夫銀一兩九錢五分閘夫銀七錢五分修理官船銀二兩五錢

兵部項下共銀一百二十二兩七錢五分内顧夫銀九十六兩二錢差船夫役銀一十三兩八錢差馬銀一十二兩七錢五分

遇閏加米二百七十九石五斗八升四合係運厂月糧

一額外匠班銀一百四十兩八錢九分五釐又當稅銀八十兩奔牙稅雜稅等銀歲無定額賦役全書不載至於年終以收過數目造報查覈

蕭山縣田地山蕩池浜瀝港共五千五百五十四頃六十八畝四分六釐七毫

田三千八百六十六頃一十九畝二分八毫内原額田三千

八百六十四頃二十四畝二分一釐五毫康熙六年清丈缺田一十五頃六十二畝七分五釐一毫新增丈出田一十七頃五十七畝七分四釐四毫

地三百三十八頃六十七畝六分四釐九毫內原額地二百八十六頃六十畝一分三釐五毫康熙六年清丈無缺新增丈出地五十二頃七畝五分一釐四毫

山一千一百六十八頃五十三畝九分五釐七毫內原額山一千一百六十八頃五十三畝三分八釐五絲康熙六年清丈缺山五分二毫新增丈出山一畝七釐八毫五絲

蕩池浜瀝港共一百八十一頃二十七畝六分五釐三毫內原額蕩池浜瀝港一百五十七頃四十六畝八分八釐二毫康熙六年清丈無缺新增丈出

蕩池浜瀝共二十三頃八十畝七分七釐一毫

人丁三萬三千六百七十八丁內原額人丁同今無缺無增

合計田地山蕩池浜瀝港人丁等項共徵本色糧三千一百七十四石六斗五升九合七勺零折色銀四萬九千六十八兩七錢一分六釐二毫零

一起運

各部寺本折正賦裁扣等銀通共二萬六千七百一十九兩九錢二釐八毫零滴珠鋪墊路費通共銀一百六十七兩六錢四分七釐三絲零內分別

戶部項下本色共銀三十四兩九錢九釐七毫零鋪墊路費共銀八兩五錢五分六釐八毫零　内顏料銀二十三兩六錢七分四釐三忽零鋪墊銀五兩七錢一分五釐九毫七絲零路費銀二兩八錢四分八毫八絲零黄蠟銀七兩八錢三分五釐八毫六絲零芽茶銀三兩三錢九分九釐九毫　折色共銀八千七十八兩七錢八分五毫零滴珠路費共銀一百四兩八錢一分一釐七毫零　内金花銀二千二百三十兩一錢二分九釐七毫五絲滴珠路費銀六十兩二錢一分三釐五毫零農桑絹折銀四兩四錢四分五釐三毫零路費銀四分四釐四毫零派剩米折銀二百九十三兩四錢八分五釐六絲零路費銀三兩五錢二分一釐八毫零折色蠟價銀一百七十六兩七錢六分路費銀一兩七錢六分七釐六毫富戶銀一十六兩路費銀一錢六分

昌平州銀四兩路費銀四分芽茶銀三兩八錢四分七釐九毫五絲路費銀三分八釐四毫零葉茶銀二兩四錢五分六釐路費銀二分四釐五毫六絲黄蠟銀五十一兩四分六釐五毫零路費銀五錢一分四毫零江南藥價銀四錢五分津貼路費銀九分柴直銀一百二十七兩三錢路費銀一兩二錢七分三釐顏料改折銀二百四十五兩六錢五分六毫零路費銀二兩四錢五分六釐五毫零鹽鈔銀四十一兩七錢七分三釐四毫零路費銀五錢一釐二毫零又九釐銀四千八百八十一兩四錢三分五釐七毫三絲路費銀三十四兩一錢七分五絲零

禮部光祿寺項下本色藥材料價銀三兩三錢九分四釐五毫零津貼路費銀一兩六錢九分七釐二毫零折色共銀八十一兩四錢六分九釐五毫零路費

共銀六兩五錢五分七釐九絲零內牲口銀四十三兩路費銀四錢三分藥材折色銀一十一兩七錢一分九釐一毫零津貼路費銀五兩八錢五分九釐五毫零菓品銀二十兩三錢蒙筍銀六兩四錢五分四毫路費銀二錢六分七釐五毫零

工部項下本色桐油銀一十兩六錢五分七釐五忽墪費銀三十五兩八錢九分七釐二毫八絲折色共銀二千二百八十五兩一錢一分六釐五毫八絲路費共銀六兩五錢三分七釐八毫零內麂皮銀一兩八錢匠役銀四兩二錢二分九釐四毫路費銀四分二釐二毫零桐油折銀四十六兩五錢五分四釐二毫零路費銀四錢六分五釐五毫零漆木銀五兩二錢三分八毫牛角銀六百三兩路費銀六兩三分箭銀一百八十二

兩弦銀一百兩五錢胖襖銀一百三十二兩三錢三分一釐九毫零工料銀四百五十兩歲造段疋銀五百二十六兩四錢二分三釐九毫軍器民七銀二百二十六兩三錢三分五釐一毫軍器路費銀六兩七錢一分一釐一毫

舊編存留項內今裁改解部克餉共銀一萬六千二百二十四兩二錢七分四釐八毫零路費共銀三兩五錢八分八釐九毫六絲內府縣捕盜銀六十四兩八錢行香銀四兩馬價銀三百五十八兩八錢九分六釐路費銀三兩五錢八分八釐九毫六絲預備倉經費銀二十二兩常豐二倉經費銀七兩八錢府縣備用銀一百四十二兩五錢白洋漁浦二巡司弓兵銀二十九兩七錢五釐二毫積餘銀四十九兩八錢五分二釐二毫零積餘米易銀五兩三錢一分八釐七毫零順治九年裁扣銀

二百七十八兩順治十二年裁扣銀七十一兩順治十四年裁減銀七百一十四兩五錢一分六釐四毫膳夫裁銀四十兩康熙元年新裁吏書工食銀一百三十八兩康熙二年盡裁生員廪糧銀六十四兩又裁倉庫學書工食銀一十九兩二錢康熙三年裁教職銀五十七兩九錢二分優免充餉銀一千四百一十三兩三分三釐一忽學道歲考銀三十三兩一錢驛馬銀六十七兩五錢漕運月糧三分撥還軍儲銀二千四百九十八兩九錢七分九釐三絲零軍儲充餉銀四千八百九十四兩一錢五分四釐六絲零南折銀五千二百五十兩

運司解部充餉完字號座船水手銀一兩三錢

一存留

通共存留銀二萬一千二百七十二兩二錢四分八

毫零內於本省額編兵餉內提出軍儲南折二款囊列克餉外實該兵餉銀七千五百兩六錢二釐四毫零內田地山銀二千九百四十六兩七錢一分六釐五毫零預備秋米折銀一百一十兩二錢五分四釐一毫零均徑充餉銀二百七十七兩八錢民壯充餉銀七百九十兩八錢二分續撥軍儲銀八百九十四兩二錢二分六釐八毫零協濟加典府充餉銀八百一十三兩三錢四釐八毫零曆日克餉銀七兩六錢五分裁冗內減銀一百八十七兩二錢四分存縣夫馬仍以諸暨協濟抵解外實該裁冗銀一千七百四十兩八錢二分六絲六忽

解司共銀五百三十五兩九錢九分五釐五毫四絲內科舉銀一百七十兩六錢一分五釐會試舉人水手銀四十兩武舉銀七錢一分五釐顧稅銀二兩五錢

曆日銀一十七兩五錢三分四釐七毫四絲戰船銀六十二兩九錢九分八釐六毫右布政司皂隸一十二名共銀七十二兩解司備用銀一百六十七兩六錢三分二釐二毫布政司解戶銀六十兩節字號座船水手銀五兩

存留府縣共銀二千四百九十八兩三分六釐五毫零

內進表等銀二兩四分五釐拜賀習儀銀四錢八分官員俸食心紅等項內紹台道俸銀五十二兩五錢心紅銀二十五兩快手一十二名共銀七十二兩聽事吏二名共銀一十二兩通判俸銀六十兩心紅銀二十兩轎傘扇夫七名共銀四十二兩本縣知縣俸銀四十五兩心紅銀二十兩門子二名共銀一十二兩皂隸一十六名共銀九十六兩馬快八名共銀一百三十四兩四錢民壯五十名共銀三百兩燈夫四名共銀二十四兩禁卒八名共銀四十八兩修理倉監銀二十兩轎傘扇夫七名共銀四十二兩庫

子四名共銀二十四兩斗級四名共銀二十四兩縣丞俸銀四十兩門皂馬夫六名共銀三十六兩典史俸銀三十一兩五錢二分門皂馬夫六名共銀三十六兩教諭俸銀三十一兩五錢二分齋夫六名共銀七十二兩膳夫八名共銀四十兩門子三名共銀二十一兩六錢喂馬草料銀一十二兩西興場大使俸銀三十一兩五錢二分皂隸二名共銀一十二兩漁浦巡檢俸銀三十一兩五錢二分皂隸二名共銀一十二兩西興驛驛丞俸銀三十一兩五錢二分皂隸二名共銀一十二兩祭祀賓興內本府諭祭銀六兩六錢六分六釐六毫七絲本縣祭祀銀一百六十六兩九錢文廟香燭銀一兩六錢迎春銀四兩鄉飲銀八兩季考銀三十兩五錢本府歲貢路費銀七錢五分觀風銀六兩雜支內守道新任祭門銀七錢本縣新官到任祭門銀二兩八錢五分府縣陞遷祭祀等銀二兩八錢看守分司府館抽分廠門子共銀一十二兩八錢鹽捕一十名共銀七十二兩白洋巡司弓兵銀七十二兩鹽課并滴珠銀五十二兩二錢六分

一釐四毫零漁浦巡司弓兵銀五十三兩八錢五分二釐六毫舖司兵銀二百一十兩修城民七銀三十五兩二錢一分修理本縣城垣銀二十兩修理三江塘閘銀三十八兩九錢九分七釐六毫存縣備用銀七十二兩五錢九分二釐五毫零二三年一辦內本縣歲貢路費旗匾銀三十三兩迎宴新舉人銀一十兩三錢三分三釐起送會試舉人等銀二十一兩六錢一分七釐七毫賀新進士等銀六兩起送科舉生員等銀二十九兩九錢八分內外賦不入田畝銀一十七兩三錢八分四釐七毫四絲

隨漕項下共銀六千四百四十四兩七錢六釐八毫零內頁具銀一百三十四兩四錢八分四釐七毫三絲零月糧七分給軍銀五千八百三十兩九錢五分一釐八絲零淺船銀四百七十九兩二錢七分一釐

兵部項下共銀四千二百九十二兩八錢九分九釐

五毫零內驛站銀二千七百二十五兩六錢五分九釐五毫零經臨公幹官員分州心紅等銀二十五兩合明門皂銀一百兩僱夫銀一千一百二十三兩僱馬銀七十二兩裁兌兵餉內扣存夫馬銀一百八十七兩二錢四分僱船銀六十兩

本年額徵米共三千一百七十四石六斗五升九合七勺零內除孤貧口糧米一百八石奉文裁減已入順治十四年裁減數內又收零積米五石三斗一升八合七勺零每石易銀一兩充餉外實該解省南米三千二十三石八斗五升六合一勺縣獄重囚口糧米三十六石

一隨糧帶徵鹽課水鄉蕩價銀七百八十四兩三分五釐三毫零車珠銀一十三兩三錢二分八釐六毫零

漁課折色銀三十二兩九釐一毫七絲六忽路費銀三兩二錢九毫零俱係原額於田畝科徵

以上通共起運銀二萬七千五百三十五兩九錢四分七釐三毫零滴珠鋪墊路費銀一百八十四兩一錢七分六釐五毫零存留銀二萬一千二百七十二兩二錢四分八毫零

今奉

旨彙觧戶部本折正賦裁扣等項通共銀二萬七千五百三十五兩九錢四分七釐三毫零滴珠鋪墊路費銀一百八十四兩一錢七分六釐五毫零存留本省兵餉銀七千五百兩六錢二釐四毫零存留各項雜支銀一萬三千七百七十一兩六錢三分八釐四毫零南米三千二十三石八斗五升六合一勺四米二十六石

遇閏地畝加銀五百三十一兩一錢二分七釐二毫

零外賦加銀一兩三錢四分一毫七絲四忽共加閏銀五百三十二兩四錢六分七釐四毫零

一起運以遇閏而言

本折正賦裁扣等銀共九十四兩一錢九毫零路費銀四錢一分三釐一毫零內分別

戶部項下折色共銀九兩七錢二分七釐九絲零路費共銀一錢二釐七毫二絲零內柴直銀七兩路費銀七分鹽鈔銀二兩七錢二分七釐九絲零路費銀三分二釐七毫二絲零

工部項下折色共銀二十六兩三錢四分八釐六毫

零路費共銀三釐五毫一絲五忽內匠役銀三錢五分一釐五毫路費銀三釐五毫零歲造段疋銀二十五兩九錢九分七釐一毫零

舊編存留項內今裁改解部克餉共銀五十四兩八錢四分七釐六毫零內弓兵銀二兩四錢七分五釐四毫零順治九年裁扣銀二十一兩五錢順治十四年裁減銀一十兩六錢一分二釐二毫零膳夫裁銀三兩三錢三分三釐三毫康熙元年新裁吏書工食銀一十一兩五錢又裁倉庫學書工食銀一兩六錢康熙三年新裁教職銀三兩八錢二分六釐六毫

運司解部克餉完字號座船水手銀一錢八釐三毫三絲

漁課銀三兩六分九釐二毫零路費銀三錢六釐九毫零

一存留 以遇閏而言

通共存留銀四百三十七兩九錢五分三釐三毫零

內分別

本省兵餉銀一百六十七兩七錢三分七釐五毫零 內民壯充餉銀六十九兩裁冗銀五十六兩九錢五分八毫零預備鹽米折銀四十一兩七錢八分六釐七毫零

解司曆日等銀六兩六錢七分三釐五毫七絲 內布政

司皂隸銀六兩曆日銀二錢五分六釐九毫
節字號座船水手銀四錢一分六釐六毫零

存縣各項雜支銀一百五十八兩三錢三分三釐八毫零　内紹台道俸銀四兩三錢七分四釐九毫五絲快手十二名銀六兩聽事吏二名銀一兩通判俸銀四兩九錢九分九釐九毫轎傘扇夫七名銀三兩五錢知縣俸銀三兩七錢四分九釐九毫門子二名銀一兩皂隷十六名銀八兩馬快八名銀一十一兩二錢民壯五十名銀二十五兩燈夫四名銀二兩禁卒八名銀四兩轎傘扇夫七名銀三兩五錢庫子四名銀二兩斗級四名銀二兩縣丞俸銀三兩三錢三分三釐三毫門皂馬夫六名銀三兩典史俸銀二兩六錢二分六釐六毫門皂馬夫六名銀三兩教諭俸銀二兩六錢二分六釐六毫齋夫六名銀六兩膳夫八名銀三兩三錢三分三釐三毫門子三名銀一兩八錢西典場大使俸銀二兩六錢二分六釐六毫皂隷二名銀一兩漁浦巡檢俸銀二兩六錢二分六

釐六毫皂隸二名銀一兩西興驛驛丞俸銀二兩六錢二分六釐六毫皂隸二名銀一兩看守各司門子銀一兩六分六釐六毫六絲縣鹽捕銀六兩白洋巡司弓兵銀六兩又鹽課并滴珠銀四兩三錢五分五釐一毫二絲漁浦巡司弓兵銀四兩四錢八分七釐七毫零各鎮司兵銀一十七兩五錢

兵部項下僱夫馬銀一百五兩二錢八釐三毫三絲

一額外匠班銀一百三兩六錢三分六釐又當稅銀四十兩并牙稅雜稅等銀歲無定額賦役全書不載至於年終以收過數目造報查核

諸暨縣田地山蕩塘瀝共一萬一千五百二十頃七十畝八分一釐三毫

田八千八十八頃二畝八分五釐四毫内原額田八千一頃七十畝七分七釐三毫康熙六年清丈無缺新增丈出田八十六頃三十二畝八釐一毫

地一千四百八十八頃二十三畝九分二釐三毫内原額地一千四百三十一頃八畝二分八釐八毫康熙六年清丈無缺新增丈出地五十七頃一十五畝六分三釐四毫

山一千六百三十八頃三十七畝四分八釐四毫内原額山一千六百八十一頃四十九畝八分五釐六毫康熙六年清丈缺山四十三頃一十二畝三分七釐二毫

蕩塘瀝三百六頃六畝五分五釐三毫内原額蕩塘瀝二百八十

五頃八十九畝四分七釐五毫康熙六年清丈無鈌新增丈出蕩塘瀝二十頃一十二畝二釐八毫

人丁三萬八千八百五丁內原額人丁三萬八千六百八十四丁今增一百二十一丁

合計田地山蕩塘瀝人丁等項共徵本色糧五千六百八十三石九斗八升九合六勺零折色銀五萬一百九十兩三錢六分一毫零

一起運

各部寺本折正賦裁扣等銀通共二萬六千三百八十兩九錢九分六釐三毫零滴珠鋪墊路費銀二百

一十三兩九錢二分一毫零內分別

戶部項下本色共銀四十三兩二錢七分五釐三毫零鋪墊路費銀八兩五錢五分六釐八毫零內顏料銀二十三兩六錢七分四釐零鋪墊銀五兩七錢一分五釐九毫七絲零解損路費銀二兩八錢四分八毫八絲零黃蠟銀一十三兩六錢七分一毫三絲零芽茶銀五兩九錢三分一釐二毫一絲折色共銀一萬三千五百五十四兩四錢一分六釐三毫零滴珠路費銀一百四十一兩五錢五分一釐五絲零內金花銀二千一百三十九兩五分三釐七毫五絲滴珠路費銀五十七兩七錢五分四釐四毫五絲零農桑絹折銀九兩五錢九釐六絲零路費銀九分五釐九絲零派剩米折銀二百四十四兩七錢六分一釐六

毫零路費銀二兩九錢三分七釐一毫三絲零折色蠟價銀三百八兩三錢七分六釐三毫路費銀二兩八分三釐七毫六絲零富戶銀二十八兩路費銀二錢八分昌平州銀四兩路費銀四分芽茶銀六兩七錢一分二釐八毫三絲路費銀六分七釐一毫二絲零葉茶銀四兩二錢八分四釐五毫路費銀四分二釐八毫四絲零黃蠟銀八十九兩五分三釐八毫四絲零路費銀八錢九分五毫三絲零江南藥價銀四錢九分五釐七毫二絲津貼路費銀九分九釐一毫四絲零柴直銀一百五十三兩九錢路費銀一兩五錢三分九釐顏料改折銀二百四十五兩六錢五分六毫六絲零路費銀二兩四錢五分六釐五毫零鹽鈔銀四兩二錢二分四釐一毫五絲零路費銀五分六毫八絲零又九釐銀一萬三百一十六兩三錢九分三釐九毫三絲路費銀七十二兩二錢一分四釐七毫五絲零

禮部光祿寺項下本色藥材料價銀三兩七錢三分

九釐八毫零津貼路費銀一兩八錢六分九釐九毫
零折色共銀一百七兩五錢三分二釐九毫零路費
銀七兩四錢一釐九毫一絲內牲口銀五十九兩路費銀五錢九分藥材折色銀一十二兩九錢一分一釐三毫八絲零津貼路費銀六兩四錢五分五釐六毫九絲零果品銀二十八兩菜笋銀七兩六錢二分一釐六毫路費銀二錢五分六釐二毫一絲零
工部項下本色桐油銀一十一兩七錢二分二釐七
毫零墊費銀三十九兩四錢八分七釐四絲折色共
銀三千二百六十一兩二錢九分七釐五毫零路費
銀一十兩三錢九分八釐六毫零內麂狐皮銀三兩匠役銀四兩六錢

五分二釐三毫路費銀四分六釐五毫二絲零桐油折銀五十一兩二錢九釐七毫五絲零路費銀五錢一分二釐九絲零漆木銀五兩七錢五分三釐三毫牛角銀九百八十四兩路費銀九兩八錢四分箭銀二百九十八兩弦銀一百六十三兩四錢胖襖銀一百四十五兩五錢六分六釐四毫五絲工料銀六百二十兩歲造段疋銀六百四十八兩八錢四分八釐一毫局絲銀三十三兩四錢七分五釐軍器民七銀二百九十六兩一分四毫軍器路費銀七兩三錢八分二釐二毫

舊編存留項內今裁改解部克餉共銀九千三百九十七兩六錢一分一釐五毫零路費銀四兩六錢五分四釐七毫零內府縣捕盜銀五十七兩六錢行李銀三兩馬價銀四百六十五兩四錢七分五釐五毫路費銀四兩六錢五分四釐七毫五絲零預備倉經費銀二十二兩常豐二倉經費銀九

十一兩二錢府縣備用銀七十六兩三江巡司弓兵工銀二十一兩六錢各役工食裁剩銀四兩六錢五分一釐四毫七絲零積餘銀三十五兩一錢六分八釐二絲零積餘米易銀三十兩六錢六分七釐四毫二絲零順治九年裁扣銀二百八十五兩二錢順治十二年裁扣銀七十一兩順治十四年裁減銀六百二十二兩七錢七分二釐五毫聽夫裁銀四十兩康熙元年新裁吏書工食銀一百二十兩康熙二年盡裁生員廩糧銀六十四兩又裁倉庫學書工食銀一十九兩二錢康熙三年裁教職銀五十七兩九錢二分優免充餉銀二百一十三兩八分一釐五毫二絲學道歲考銀一十六兩一錢里馬銀七十四兩一錢六分漕運月糧三分撥還軍儲銀三千三十六兩三錢一分三釐一毫五絲零軍儲充餉銀二千四百四兩六錢五分二釐七毫六絲零南折銀一千五百二十五兩八錢四分九釐一毫九絲零

運司解部充餉完字號座船水手銀一兩四錢

一存留

通共存留銀二萬三千四百一十六兩七錢八分九釐三毫零內於本省額編兵餉內提出軍儲南折二欵彙列充餉外實該兵餉共銀九千五百六十九兩三錢七分八釐二毫零內田地山銀五千九百八十兩五分八釐二毫七絲零預備秋米折銀八百一十七兩七錢三釐六毫五絲零均徭充餉銀一百八十二兩四錢民壯充餉銀一千一十八兩四錢四分本府倉歲餘米銀五百九十四兩七錢六釐三毫六絲零曆日充餉銀九兩九錢五分裁冗銀七百一十四兩一錢二分加原協濟富陽山陰蕭山三縣大馬今抵解兵餉銀二百五十二兩解司共銀二千三百九十九兩六錢二分七釐三毫

零內科舉銀一百三十四兩六錢三分八釐七毫會
試舉人水手銀一十八兩武舉銀七錢九分倂硯
銀一兩部院操賞銀二千兩曆日銀二十二兩九錢
七分四釐五毫戰船銀六十九兩二錢九分八釐解
司備用銀七十九兩七錢二分六釐一毫五絲布政
司解戶銀六十兩節字號座船水手銀五兩薪字號
座船水手銀
七兩二錢

存留府縣共銀二千五百六兩二錢八分三釐三毫
二絲內進表并拜賀習儀銀二兩五錢五分五毫官
役俸工心紅等項內守紹道門子四名共銀二
十四兩皂隸十二名共銀七十二兩聽事吏二名共
銀一十二兩鋪兵二名共銀一十二兩紹台道俸銀
五十二兩五錢心紅銀二十五兩同知俸銀八十兩
心紅銀二十兩門子二名共銀一十二兩步快八名
共銀四十八兩皂隸十二名共銀七十二兩本縣知
縣俸銀四十五兩心紅銀二十兩門子二名共銀一

十二兩皂隸十六名共銀九十六兩馬快八名共銀一百三十四兩四錢民壯五十名共銀三百兩燈夫四名共銀二十四兩禁卒八名共銀四十八兩修理倉監銀二十兩轎傘扇夫七名共銀四十二兩庫子四名共銀二十四兩斗級四名共銀二十四兩縣丞俸銀四十兩門皂馬夫六名共銀三十六兩典史俸銀三十一兩五錢二分門皂馬夫六名共銀三十六兩教諭俸銀三十一兩五錢二分齋夫六名共銀七十二兩膳夫八名共銀四十兩門子三名共銀二十一兩六錢喂馬草料銀一十二兩祭祀賓興內本府諭祭銀六兩六錢六分六釐六毫七絲本縣祭祀銀一百三十三兩七錢三毫文廟香燭銀一兩六錢迎春銀四兩鄉飲銀八兩季考銀九兩本府歲貢路費旗匾銀七錢五分觀風銀四兩雜支內新官到任祭門銀一兩五錢六分六釐六毫府縣陞遷官員祭江等銀二兩五錢看守分司府館門子共銀九兩鹽捕八名共銀五十七兩六錢三江巡司弓兵銀六十四兩八錢又鹽課并滴珠銀二十四兩二錢一分九釐

八章各舖司兵共銀三百六十六兩渡夫銀一十兩站船梢夫并修船銀六十三兩二錢修城民七銀三十七兩七錢二分五釐修理本縣城垣銀三十兩修理學宮山川等壇并楓橋公館等處共銀一十四兩二錢修理鄉飲器皿等銀七錢一分三釐存縣備用銀三十四兩九錢一分八釐三毫五絲二三年一辦内本縣歲貢路費旗匾等銀三十三兩迎宴新舉人等銀六兩五錢起送會試舉人等銀一十七兩七錢一分七釐八毫賀貢新進士等銀四兩二錢一分五釐三毫起送科舉生員等銀一十八兩六錢内外賦不入田畝銀六十八兩三錢九分八釐二毫八絲歸經費支用

隨漕項下共銀七千七百一十一兩三錢五分六釐三毫零内貢具銀九十九兩四錢二分七釐五毫九絲零月糧七分給軍銀七千八十四兩七錢三分七毫零淺船銀五百二十七兩一錢九分八釐一毫

兵部項下共銀一千二百三十兩一錢四分四釐三絲零內驛站銀八百四十七兩一錢四釐三絲零公幹官員經臨本縣中火宿食廩糧銀二十三兩經臨公幹官員合用心紅等銀一十七兩四錢合用門皂銀四十兩僱夫銀二百八兩八錢僱馬銀八十七兩八錢四分僱船銀六兩

本年額徵米通共五千六百八十三石九斗八升九合六勺零內除孤貧米一百五十四石八斗奉裁充餉已入順治十四年裁減數內又收零積餘米三十石三斗六升七合四勺零每石易銀一兩充餉外實該解省南米四千四百二十七石三斗六升八合八

勺零月糧米一千一十一石六斗八勺縣獄重囚米三十六石

以上通共起運銀三萬六千三百八十兩九錢九分六釐三毫零滴珠鋪墊路費銀二百一十三兩九錢二分一毫零存留銀二萬三千四百一十六兩七錢八分九釐三毫零今奉

旨彙解戶部本折正賦裁扣等各項通共銀二萬六千三百八十兩九錢九分六釐三毫零滴珠鋪墊路費銀二百一十三兩九錢二分一毫零存留本省兵

餉銀九千五百六十九兩三錢七分八釐二毫零存
留各項雜支銀一萬三千八百四十七兩四錢一分
一釐零南米月糧米五千四百三十八石九斗六升
九合六勺零囚米三十六石
遇閏地畝加銀四百六十二兩九錢二釐七毫零外
賦加銀一十兩三錢四釐二毫零共加閏銀四百七
十三兩二錢七釐零
一起運以遇閏而言
本折正賦裁扣等銀八十八兩五錢四分六絲零節

費銀一錢八釐三絲零內分別

戶部項下折色共銀一十兩三錢五分二釐一絲零

路費銀一錢四釐二毫零內柴直銀一十兩路費銀一錢鹽鈔銀三錢五分二釐一絲零路費銀四釐二毫二絲零

工部項下折色共銀二十八兩九錢七分八釐一毫

零路費銀三釐八毫一絲三忽內匠役銀三錢八分一釐三毫路費銀三釐八毫一絲零段疋銀二十八兩五錢九分六釐八毫四絲零

舊編存留項內今裁改解部充餉共銀四十九兩九

分三釐二毫零內弓兵銀一兩八錢順治九年裁扣銀二十二兩一錢順治十四年裁減

銀六兩四錢三分三釐三毫三絲零膳夫裁銀三兩三錢三分三釐三毫康熙元年新裁吏書銀一十兩又裁倉庫學書銀一兩六錢康熙三年裁教職銀三兩八錢二分六釐六毫

運司解部充餉完字號座船水手銀一錢一分六釐六毫零

一存留 以遇閏而言

通共存留銀三百八十四兩五錢五分八釐九毫零

內分別

本省兵餉共銀一百六十三兩一錢九分三釐四毫零 內民壯充餉銀九十九兩裁冗銀一十三兩五錢鹽米折銀五十兩六錢九分三釐四毫三絲零

解司共銀一兩三錢五分二釐五毫七絲内厝月銀三錢三分二五釐九毫節字號座船水手銀四錢一分六釐六毫七絲藩字號座船水手銀六錢

存縣各項雜支共銀一百六十八兩一錢一分二釐九毫零内分守寧紹台道門子四名銀二兩皂隸一十二名銀六兩聽事吏二名銀一兩鋪兵三名銀一兩兵巡紹台道俸銀四兩三錢七分四釐九毫五絲同知俸銀六兩六錢六分六釐六毫門子二名銀一兩步快八名銀四兩皂隸一十二名銀六兩知縣俸銀三兩七錢四分九釐九毫門子二名銀一兩皂隸一十六名銀八兩馬快八名銀一十一兩二錢民壯五十名銀二十五兩燈夫四名銀二兩禁卒八名銀四兩轎傘扇夫七名銀三兩五錢庫子四名銀二兩斗級四名銀二兩縣丞俸銀三兩三錢三分三釐三毫門皂馬夫六名銀三兩典史俸銀二兩六錢二分六釐六毫門皂馬夫六名銀三兩教諭俸銀

二兩六錢二分六釐六毫齋夫六名銀六兩膳夫八名銀三兩三錢三分三釐三毫門子三名銀一兩八錢看守分司門子銀七錢五分本縣巡鹽應捕銀四兩八錢三江巡司弓兵銀五兩四錢又鹽課并滴珠銀二兩一分八釐三毫一絲零各鋪司兵銀三十兩五錢渡夫銀八錢三分三釐三毫三絲零站船稍夫銀三十兩

六錢

兵部項下驛站夫馬銀五十一兩九錢

遇閏加米一百石係運丁月糧

一額外匠班銀一百六兩九錢八分九釐五毫又當稅銀二十五兩并牙稅雜稅等銀歲無定額賦役全書不載至於年終以收過數目造報查核

餘姚縣田地山蕩共八千七百九十頃七十二畝二分九釐三毫六絲三忽

田五千九百五十八頃七十九畝六分八釐七毫四絲六忽內原額田五千九百五十八頃七十八畝三分七釐四毫四絲六忽康熙六年清丈無缺新增丈出田一畝三分一釐三毫

地九百二十二頃二十七畝五分四釐一毫八絲一忽內原額地八百二十九頃二十二畝九分二釐七毫一絲九忽康熙六年清丈無缺新增丈出地九千三百四畝六分一釐四毫六絲二忽

山一千九百二十二頃二十一畝六分七釐六毫五絲六

忽（內原額山同上康熙六年清丈無缺無增）

蕩七項四十三畝三分八釐七毫八絲（內原額蕩三項二十三畝三分八釐七毫八絲康熙六年清丈無缺新增丈出蕩四項二十畝）

人丁五萬九千八百一十九丁（內原額人丁五萬九千八百一十七丁今增二丁）

合計田地山蕩人丁等項共徵本色糧二千五百二十四石七斗八升九合二勺零折色銀七萬二千一百九十九兩二錢九分五釐二毫零

一起運

各部寺本折正賦裁扣等銀通共四萬八千一百三十七兩四錢一分八釐二毫零滴珠鋪墊路費等銀通共二百七十八兩四錢七分三釐二毫零内分別戸部項下本色共銀四十二兩一錢八分一釐九毫零鋪墊路費共銀八兩五錢五分六釐八毫零内顔料銀二十三兩六錢七分四釐零鋪墊銀五兩七錢一分五釐九毫七絲零解損路費銀二兩八錢四分八毫八絲零黄蠟銀一十二兩九錢七釐七毫零芽茶銀五兩六錢二毫五絲折色共銀一萬二千三百四十二兩七錢八分四釐二毫零滴珠路費共銀一百五十五兩八分二釐八毫零内金花銀二千一百

九十八兩八錢六分滴珠路費銀八十六兩三錢六分九釐二毫二絲農桑絹折銀一兩六錢一分三釐七絲零路費銀一分六釐一毫三絲零泒剩米折銀四百八兩二錢三分三釐二毫二絲零路費銀四兩八錢九分八釐七毫九絲零折色蠟價銀二百九十一兩一錢八分二釐零路費銀二兩九錢一分一釐八毫二絲零富戶銀一十二兩路費銀一錢二分昌平州銀四兩路費銀四分芽茶銀六兩三錢三分八釐二毫五絲路費銀六分三釐三毫八絲零葉茶銀四兩四分五釐五毫路費銀四分四毫五絲五忽黃蠟銀八十四兩八分六釐九毫六絲零路費銀八錢四分八毫六絲零江南藥價銀九錢三分五釐六毫二絲津貼路費銀一錢八分七釐一毫零柴直銀一百五十一兩九錢路費銀一兩五錢一分九釐顏料改折銀二百四十五兩六錢五分六毫六絲零路費銀二兩四錢五分六釐五毫零鹽鈔銀一十六兩三錢八分六釐五毫八絲零路費銀一錢九分六釐六毫三絲零又九釐銀七千九百一十七兩五錢五分

二釐四毫零路費銀五十五
兩四錢二分二釐八毫零
禮部光祿寺項下本色藥材料價銀七兩五分八釐
三毫二絲津貼路費銀三兩五錢二分九釐一毫六
絲折色共銀一百八十兩一錢一釐四毫二絲路費
共銀一十三兩七錢四分一釐四毫零內牲口銀九
十八兩五錢
路費銀九錢八分五釐藥材折色銀二十四兩三錢
六分八釐二毫零津貼路費銀一十二兩一錢八分
四釐一毫零果品銀四十三兩九錢菉筍銀一十三
兩三錢三分三釐二毫路費銀五錢七分二釐三毫
零
工部項下本色桐油銀二十二兩一錢五分一釐四

毫零墪費銀七十四兩六錢一分五釐三毫零折色
共銀五千四百二兩一錢三分四釐一毫零路費銀
一十二兩七錢五分五釐五毫零内麂狐皮銀四兩二錢匠役銀八兩
七錢九分一釐一毫路費銀八分七釐九毫一絲零
桐油折銀九十六兩七錢六分六釐七毫九絲零路
費銀九錢六分七釐六毫六絲零漆木銀一十兩八
錢七分二釐一毫牛角銀一千一百七十兩路費銀
一十一兩七錢箭銀三百五十五兩弦銀一百九十
五兩胖襖銀二百七十五兩六分六釐三毫零乙料
銀六百三十兩歲造叚疋銀一千九十四兩二錢一
釐軍三軍器弁路費銀一千七十七兩八錢二分三
釐四毫軍器民七銀四百七十兩四錢五分三釐八
毫零軍器路費銀一十三兩九錢四分九釐六毫
舊編存留項内今裁改解部充餉共銀三萬一百三

十八兩五錢一分六釐六毫零路費共銀一十兩一錢九分二釐七絲五忽內府縣排溢銀七十二兩行香銀四兩馬價銀一千一十九兩二錢七釐五毫路費銀一十兩一錢九分二釐七絲零預備倉經費銀二十二兩常豐三四五倉經費銀七十三兩四錢府縣備用銀一百六十兩三錢二分廟山眉山三山巡司弓兵銀四十五兩六錢積餘銀三十七兩二錢一分五毫四絲零積餘米易銀五兩五錢四分三釐五毫二絲零順治九年裁扣銀三百四十七兩六錢順治十二年裁扣銀八兩順治十四年裁減銀一千二百一十四兩八分七釐膳夫裁銀四十兩裁官經費銀二百四十一兩六錢康熙元年新裁吏書工食銀一百一十四兩康熙二年盡裁生員廩糧銀六十四兩又裁倉庫學書工食銀一十九兩二錢康熙三年裁教職銀五十七兩九錢二分優免充餉銀三千二百八十五兩一錢七分五釐四毫學道歲考銀五十八兩五錢里馬銀八兩三錢

三分三釐三毫漕運月糧三分撥還軍儲銀一千三百六十三兩二錢四分九釐六毫零軍儲充餉銀八千二百六十四兩二錢九分七釐四毫零南折銀一萬三千六百一十三兩二錢七分二釐三毫零運司解部充餉完字號座船水手銀二兩五錢

一存留

通共存留銀二萬三千四百兩一分三釐三毫零内於本省額編兵餉内提出軍儲南折彙列充餉外實該兵餉銀一萬一千九百兩六分六釐一毫零内田地山銀四千六百一十八兩九錢六分三釐九毫九絲零預備秋米折銀一千六百七十六兩均徭充餉銀六百四十四兩八錢民壯充餉銀四百七十五兩二錢七分曆日充餉銀一十五兩八錢五分本府倉歲餘

米折銀一千九十三兩一錢七分六釐七毫零新撥

軍儲銀一千六百五十六兩五錢七分七釐四毫零

裁冗銀一千七百一十九兩四錢二分八釐

解司共銀九百六兩六分三釐七毫三絲内科舉銀二百二十三兩六錢八分五釐六毫會試舉人水手銀二百八十兩武舉銀一兩四錢九分催稅銀二兩五錢曆日銀三十六兩五錢三釐三毫戰船銀一百三十兩九錢五分七釐一毫解司備用銀一百五十五兩九錢二分七釐七毫三絲布政司解戸銀七十五兩

府縣存留共銀三千三百九十二兩五分二釐九毫零内進表并拜賀等銀三兩五錢二分七釐官役俸食心紅等項内本府知府員下門子二名共銀一十二兩步快十五名共銀九十兩皁隸十六名共銀九十六兩禁卒十二名共銀七十二兩斗級六名共

銀三十六兩通判員下步快八名共銀四十八兩皂
隸十二名共銀七十二兩本縣知縣俸銀四十五兩
心紅銀二十兩門子二名共銀一十二兩皂隸十六
名共銀九十六兩馬快八名共銀一百三十四兩四
錢民壯五十名共銀三百兩燈夫四名共銀二十四
兩禁卒八名共銀四十八兩修理倉監銀二十兩轎
傘扇夫七名共銀四十二兩庫子四名共銀二十四
兩斗級四名共銀二十四兩縣丞俸銀四十兩門皂
馬夫六名共銀三十六兩典史俸銀三十一兩五錢
二分門皂馬夫六名共銀三十六兩教諭俸銀三十
一兩五錢二分齋夫六名共銀七十二兩膳夫八名
共銀四十兩門子三名共銀二十一兩六錢喂馬草
料銀一十二兩石堰場大使俸銀三十一兩五錢二
分皂隸二名共銀一十二兩廟山眉山三山巡檢三
員共俸銀九十四兩五錢六分皂隸六名共銀三十
六兩祭祀賓興內本府諭祭銀六兩六錢六分六釐
六毫七絲本縣祭祀銀一百八十兩二錢五分文廟
香燭銀一兩六錢迎春銀四兩鄉飲銀八兩季考銀

四十六兩本府歲貢旗匾銀七錢五分觀風銀三十六兩雜支內新官到任祭門銀二兩八錢五分府縣㘴遷祭江等銀二兩五錢看守分司府館門子共銀一十兩八錢看守嚴子陵等祠門子共銀九兩六錢鹽捕八名共銀五十七兩六錢廟山巡司弓兵銀二十一兩六錢又鹽課弁濟珠銀二兩六錢六分六釐四毫眉山巡司弓兵銀一百一十五兩二錢又鹽課弁濟珠銀一十兩六錢六分五釐六毫各鋪司兵共銀三百七十三兩八錢大江口壩夫共銀三百八兩外加纜索銀四十二兩修城民七銀七十二兩九錢三分修理本縣城垣銀三十兩修理鄉飲幕次器皿等銀四兩存縣備用銀六十七兩五錢七分六釐零縣獄重囚口糧銀三十六兩二三年一辦內本縣歲貢路費旗匾等銀三十三兩迎宴新舉人等銀五十四兩起送會試舉人等銀三十九兩五分一釐一毫賀新進士等銀一十六兩八錢起送科舉生員等銀八十四兩五錢內外賦不入田畝銀八十八兩五錢六釐一毫零歸經費支用

隨漕項下折色共銀四千三百五十一兩四錢七分八毫零內貢具銀一百七十四兩三錢五分五釐七毫零月糧七分給軍銀三千一百八十兩九錢一分五釐七毫零淺船銀九百九十六兩一錢九分九釐四毫零

兵部項下共銀二千八百五十兩三錢五分九釐六毫零內驛站銀一千三百四兩七錢七分二釐九毫五絲經臨公幹官員合用心紅等銀二十五兩合用門皂銀一百兩僱夫銀一千一百八十三兩九錢二分僱馬銀一百六十六兩六錢六分六釐七毫僱船銀七十兩

本年額徵米通共二千五百二十四石七斗八升九合二勺零內除收零積餘米五石五斗四升三合五

勺零每石易銀一兩支餉外實該月糧米二千五百石

一額外歲徵鹽課共銀一千四十六兩五分一釐八毫零車珠銀一十七兩七錢八分二釐八毫零內水鄉蕩價銀一百九十兩一錢二分四釐八毫陞科告陞銀四兩九錢三分奉文補徵商稅銀一百一十一兩七錢七釐四毫零存留備荒沙地銀七百八兩六錢二釐五毫零帶徵臨山衛奉文補徵商稅銀四錢六分二釐四毫零存留備荒沙地銀二兩九錢二分九釐八毫三山所存留備荒沙地銀二十二兩六錢二分九釐八毫零補徵商稅銀四兩六錢六分四釐九毫零車珠銀一十七兩七錢八分二釐八毫零俱竈戶沙地出辦不入田畝科徵

漁課共銀八十六兩四錢七分八釐五毫零水脚路費共銀九兩三錢四分六釐六毫零內本色銀三十四兩九錢三分九釐六毫零水脚路費銀四兩一錢九分二釐七毫六絲零折色銀五十一兩五錢三分八釐八毫零路費銀五兩一錢五分三釐八毫零

前項漁課俱漁戶出辦不入田畝科徵

以上通共起運銀四萬九千二百六十九兩九錢四分八釐五毫零滴珠鋪墊路費銀三百五兩六錢二釐八毫零存留銀二萬三千四百兩一分三釐三毫零今奉

旨彙解戶部本折正賦裁扣等項通共銀四萬九千三百六十九兩九錢四分八釐五毫零滴珠鋪墊路費銀三百五兩六錢二釐八毫零存留本省兵餉銀一萬一千九百兩六分六釐一毫零存留各項雜支銀共一萬一千四百九十九兩九錢四分七釐二毫零月糧米二千五百石

遇閏地畝加銀五百九十兩七錢九分八釐七毫零外賦漁課加銀二十兩八錢八分一釐三毫零共加閏銀六百一十一兩六錢八分六絲零

一起運以遞閏而言

本折正賦并裁扣共銀一百四十九兩六錢二分二釐一毫零路費水腳共銀八錢九分三毫零內分別

戶部項下折色共銀一十兩三錢六分六釐四絲零路費共銀一錢六釐三毫零內柴直銀九兩路費銀九分鹽鈔銀一兩三錢六分六釐四絲零路費銀一分六釐三毫九絲零

工部項下折色共銀五十四兩七錢六分九釐五毫零路費銀七釐三毫二絲六忽內匠役銀七錢三分二釐六毫路費銀七釐三毫二絲六忽歲造段疋銀五十四兩三分六釐九毫四絲零

實編存留項内今裁改解部充餉共銀七十七兩九分二釐九毫內巡司弓兵銀三兩八錢順治九年裁扣銀二十七兩三錢順治十四年裁減銀七兩六錢膳夫裁銀三兩三錢三分三釐三毫裁官經費銀二十兩一錢三分三釐康熙元年新裁吏書銀九兩五錢又裁倉庫學書銀一兩六錢康熙三年裁教職銀三兩八錢二分六釐六毫

運司解部充餉完字號座船水手銀二錢八釐三毫三絲

漁課本色銀二兩九錢一分二釐四毫五絲零路費水脚銀三錢四分九釐四毫零折色銀四兩二錢七分一釐八毫零路費銀四錢二分七釐一毫零

一存留以遇閏而言

通共存留銀四百六十一兩一錢六分八釐五毫零

內分別

本省兵餉共銀一百三十三兩三錢八分七釐四毫

零內民壯充餉銀四十六兩二錢裁冗銀三十六兩六錢預備秋米折銀五十兩五錢八分七釐四毫零解司曆日銀五錢三分四釐一毫

存縣各項雜支共銀二百一十四兩三釐七毫內本府知府員下門子二名銀一兩步快一十五名銀七兩五錢皁隸一十六名銀八兩禁卒一十二名銀六兩斗級六名銀三兩通判員下步快八名銀四兩皁隸一十二名銀六兩本縣知縣俸銀三兩七錢四分九釐

九毫門子二名銀一兩皂隷一十六名銀八兩馬快八名銀一十一兩二錢民壯五十名銀二十五兩燈夫四名銀二兩禁卒八名銀四兩轎傘扇夫七名銀三兩五錢庫子四名銀二兩斗級四名銀二兩縣丞俸銀三兩三錢三分三釐三毫門皂馬夫六名銀三兩典史俸銀二兩六錢二分六釐六毫門皂馬夫六名銀三兩教諭俸銀二兩六錢二分六釐六毫齋夫六名銀六兩膳夫八名銀三兩三錢三分三釐三毫門子三名銀一兩八錢石堰場大使俸銀二兩六錢二分六釐六毫皂隷二名銀一兩廟山眉山三山巡檢三員共俸銀七兩八錢七分九釐八毫皂隷六名銀三兩看守分司府館門子銀九錢看守嚴子陵等祠門子銀八錢鹽捕銀四兩八錢廟山巡司弓兵銀一兩八錢又鹽課并滴珠銀二錢二分二釐二毫眉山巡檢司弓兵銀九兩六錢又鹽課并滴珠銀八錢八分八釐八毫各鋪司兵銀三十一兩三錢五分大江壩夫銀二十五兩六錢六分六釐六毫

兵部項下共銀一百一十三兩二錢四分三釐三毫三絲内僱夫銀九十八兩六錢六分僱馬銀一十四兩五錢八分三釐三毫三絲

一額外匠班銀二百二十八兩一錢五分八釐又當稅銀五兩并牙稅雜稅等銀歲無定額賦役全書不載至于年終以收過數目造報查核

上虞縣田地山蕩池塘瀝共八千九百三十四頃五十三畝四分九釐七毫七絲五忽

田三千九百八十頃七十四畝三分九釐六毫八絲五忽内原額田三千九百七十八頃一十四畝九分六釐八毫康熙六年清丈無缺新增丈出田二

增五十九畝四分二釐八毫八絲五忽

地七百九十四頃三十七畝一分二釐六毫九絲內原額地八百三頃一十九畝三分二釐四毫康熙六年清丈缺地八頃八十二畝一分九釐七毫一絲丈出池無

山四千一百二十九頃七十二畝五分三釐七毫內原額山同上康熙六年清丈無缺無增

蕩池塘瀝二十九頃六十九畝四分三釐七毫內原額蕩池塘瀝二十七頃五十畝一分四釐四毫康熙六年清丈無缺新增丈出池塘瀝二百一十九畝二分九釐三毫

人丁三萬五千六百八十二丁内原額人丁同上今無缺無增

合計田地山蕩池塘瀝人丁等項共徵本色糧二千三十六石七斗三升一合一勺零折色銀五萬一千三百八兩七錢八分四釐四毫零

一起運

各部寺本折正賦裁扣等銀通共三萬三千二百二十一兩九錢三分一釐一毫零滴珠鋪墊路費通共銀一百八十八兩九錢六分八釐二毫零内分别

戸部項下本色銀三十八兩八釐三毫零鋪墊路費

銀八兩五錢五分六釐八毫零内顔料銀二十三兩六錢七分四釐三忽零鋪墊銀五兩七錢一分五釐九毫零解損路費銀二兩八錢四分八毫零黄蠟銀九兩九錢九分七釐一毫零芽茶銀四兩三錢三分七釐二毫零

折色共銀一萬七百九十二兩八錢九分五釐五毫零滴珠路費銀一百二十四兩二分一毫零内金花銀二千二百四十九兩三錢六分一釐二毫零滴珠路費銀六十兩七錢三分二釐七毫零農桑絹折銀二兩八釐五毫零路費銀二分八絲零派剩米折銀二百七十三兩六錢三分一釐五毫零路費銀三兩二錢八分三釐五毫零折色蠟價銀二百二十五兩五錢一分九釐一毫路費銀二兩二錢五分五釐一毫零富戶銀一十兩路費銀一錢昌平州銀四兩路費銀四分芽茶銀四兩九錢八釐七毫零路費銀四分九釐八絲零葉茶銀三兩一錢三分三釐二毫五絲路費銀三

分一釐三毫零黃蠟銀六十五兩一錢二分六釐四絲零路費銀六錢五分一釐二毫零江南藥價銀四錢五分三釐三毫津貼路費銀九分六毫六絲柴直銀一百六兩七錢路費銀一兩六分七釐顏料改折銀二百四十五兩六錢五分六毫零路費銀二兩四錢五分六釐五毫零鹽鈔銀五兩一錢七分二釐一毫零路費銀六分二釐六絲零又九釐銀七千五百九十七兩二錢三分八毫九絲路費銀五十三兩一錢八分六毫零

禮部光祿寺項下本色藥材料價銀三兩四錢一分九釐九毫零津貼路費銀一兩七錢九釐九毫零折色銀八十兩三錢七分四釐八毫零路費銀六兩五錢八分九釐二毫零內牲口銀四十二兩路費銀四錢二分藥材折色銀一十一兩

八錢七釐五絲三忽津貼路費銀五兩九錢三釐六
毫二絲零果品銀二十兩一錢簝筍銀六兩四錢六
分十釐八毫路費銀二
錢六分五釐六毫零
工部項下本色桐油銀一十兩七錢三分一釐六毫
零墊費銀三十六兩一錢四分八釐八毫折色銀二
千五百二十九兩七錢七分一釐三毫零路費銀七
兩四錢一分一釐四毫零內麂皮銀一兩八錢匠役銀四兩二錢五分九釐六
毫路費銀四分二釐五毫零桐油折銀四十六兩八
錢八分四毫零路費銀四錢六分八釐八毫零漆木
銀五兩二錢六分八釐八毫牛角銀六百九十兩路
費銀六兩九錢箭銀二百九兩一錢弦銀一百一十
五兩三錢胖襖銀一百三十三兩二錢七分九釐二
毫九絲工料銀四百五十一兩歲造叚疋銀五百三

十兩一錢八分三釐四毫軍三軍器并路費銀一百七兩九錢八分八釐七毫軍器民七銀二百二十七兩九錢五分一釐九毫又路費銀六兩七錢五分九釐二毫

舊編存留項内今裁改解部銀一萬九千七百六十五兩四錢二分九釐三毫零路費銀四兩五錢三分一釐八毫六絲内府縣捕盜銀七十二兩行香銀三兩馬價銀四百五十三兩一錢八分六釐路費銀四兩五錢三分一釐八毫六絲預備倉經費銀二十二兩常豐一三倉經費銀二十八兩四錢府縣備用銀一百八兩七錢黃家堰廟山梁湖壩三巡司弓兵銀三十四兩八錢積餘銀四十一兩二錢二分三釐二毫零積餘米易銀四錢一分八毫零順治九年裁扣銀三百五十二兩四錢順治十二年裁扣銀七十四兩順治十四年裁減銀七百五十三兩五錢一分六釐縣夫裁銀四十兩康熙元年新裁

吏書工食銀二百四十兩康熙二年裁生員廩糧銀六十四兩又裁倉庫學書工食銀一十九兩二錢康熙三年裁教職銀五十七兩九錢二分優免充餉銀七百三兩六錢五分七毫學道歲考銀四十兩六錢里馬銀九十二兩四錢四分五釐漕運月糧三分撥還軍儲銀一千二百八十七兩軍儲充餉銀六千一百四十九兩八錢八分二釐五毫零南折銀九千一百二十七兩八分五釐一毫

運司解部充餉完字號座船水手銀一兩三錢

一存留

通共存留銀一萬七千七百五十二兩八錢一分七釐四絲零內於本省額編兵餉內提出軍儲南折二款彙列充餉外實該兵餉銀七千四百四十四兩七

錢六分九釐九毫一忽內田地山銀三千四百九十五兩五錢七分一釐四絲九忽預備秋米折銀一千二百五十三兩均徭充餉銀三百九十八兩四錢民壯充餉銀五百八十六兩三錢八分續撥軍儲銀二百三十一兩五分四釐三絲曆日充餉銀七兩七錢裁冗銀一千四百七十二兩六錢六分四釐八毫零

解司共銀四百八十一兩七錢一分一釐六毫四絲內科舉銀一百八兩三錢八分三釐七毫會試舉人水手銀一百一十二兩武舉銀七錢二分五釐倭稅銀二兩曆日銀一十七兩六錢六分八釐一毫戰船銀六十三兩四錢四分八釐二毫解司備用銀一百一十二兩四錢八分六釐六毫四絲布政司解戶銀六十兩節字號座船水手銀五兩

存留府縣銀二千九百一十一兩七錢五分五釐六

絲五忽内進表弁拜賀習儀銀三兩五錢二分一釐
七毫零官役俸食心紅等項内本府知府俸
銀一百五兩心紅銀五十兩本縣知縣俸銀四十五
兩心紅銀二十兩門子二名共銀一十二兩皂隷十
六名共銀九十六兩馬快八名共銀一百三十四兩
四錢民壯五十名共銀三百兩燈夫四名共銀二十
四兩禁卒八名共銀四十八兩修理倉監銀二十兩
轎傘扇夫七名共銀四十二兩庫子四名共銀二十
四兩斗級四名共銀二十四兩縣丞俸銀四十兩門
皂馬夫六名共銀三十六兩典史俸銀三十一兩五
錢二分門皂馬夫六名共銀三十六兩教諭俸銀三
十一兩五錢二分齋夫六名共銀七十二兩膳夫八
名共銀四十兩門子三名共銀二十一兩六錢喂馬
草料銀一十二兩黃家堰梁湖壩巡檢二員共俸銀
六十三兩四分皂隷四名共銀二十四兩祭祀賓典
内本府諭祭銀六兩六錢六分六釐六毫七絲本縣
祭祀銀一百四十四兩文廟香燭銀一兩六錢迎春
銀四兩鄉飲銀八兩季考銀三十兩五錢本府歲貢

路費等銀七錢五分觀風銀一十九兩雜支內新官到任祭門銀二兩八錢五分府縣陞遷祭江等銀二兩五錢看守分司府館門子共銀一十兩八錢鹽捕八名共銀五十七兩六錢黃家堰巡司弓兵銀二十八兩八錢又鹽課并滴珠銀五十兩九錢四釐廟山巡司弓兵銀三十九兩六錢又鹽課并滴珠銀二兩六錢六分六釐四毫梁湖壩巡司弓兵銀三十六兩各鋪司兵共銀四百二十一兩二錢渡夫銀二十八兩四錢壩夫工食并纜索共銀三百九十兩修城民七銀三十五兩七錢一分三釐修理本縣城垣銀二十兩修理鄉飲器皿等銀二兩存縣備用銀四十八兩九錢五分八釐五毫六絲縣獄囚糧銀三十六兩二三年一辦內本縣歲貢路費旗匾銀三十三兩迎宴新舉人等銀一十六兩六錢六分七釐起送會試舉人等銀二十五兩七錢一分七釐七毫賀新進士等銀一十兩起送科舉生員等銀四十二兩二錢六分內外賦不入田畝銀一十二兩九錢五分九釐六毫零歸抵經費支用

隨漕項下共折色銀四千一百七十九兩八錢八分四釐三毫零内貢具銀七十一兩三錢八分九釐九毫二絲零廩工銀六百二十二兩八錢月糧七分給軍銀三千三兩淺船銀四百八十二兩六錢九分四釐四毫

兵部項下共銀二千七百三十四兩六錢九分六釐一毫零内驛站銀一千五百九兩四錢七分六釐一毫零經臨公幹官員合用心紅等銀二十五兩合用門皂銀一百兩僱夫銀七百三十五兩六錢三分五釐協濟嵊縣東關人夫銀五十九兩五錢二分僱馬銀二百二十五兩五分五釐僱船銀七十兩

本年額徵米通共二千三十六石七斗三升一合一勺零内除收零積餘米四斗一升八勺一撮零每斗

易銀一錢支餉外實該刂糧米二千一十七石六斗五撮零

一隨糧帶徵鹽課共銀五十兩九錢八分八毫三絲五忽車珠銀八錢六分六釐六毫零內水鄉蕩價銀四十二兩九錢八分八毫零車珠銀七錢三分六毫七絲零拖船稅銀八兩車珠銀一錢三分六釐內八兩一錢三分六釐不入田畝科徵

一額外歲徵漁課折色銀三兩六錢三分五毫路費銀三錢六分三釐五絲俱曹額漁户出辦

以上通共起運銀三萬三千二百七十六兩五錢四

分二釐四毫零滴珠鋪墊路費銀一百九十兩一錢九分七釐九毫零存留銀壹萬七千七百五十二兩八錢一分七釐四絲零今奉

旨彙解戸部本折正賦裁扣等項通共銀三萬三千二百七十六兩五錢四分二釐四毫零滴珠鋪墊路費銀一百九十兩一錢九分七釐九毫零

存留本省兵餉銀七千四百四十四兩七錢六分九釐九毫一忽存留各項雜支銀共一萬三百八兩四分七釐一毫零月糧米二千一十七石六斗五撮零

遇閏地畝加銀四百八十二兩二錢一分七釐五毫零外賦加銀一兩六分四釐四絲二忽共加閏銀四百八十三兩二錢八分一釐五毫零

一起運以遇閏而言

本折正賦裁扣等銀一百一兩九錢五釐六毫零路費銀一錢八釐九毫六絲零內分別

戶部項下折色共銀七兩四錢三分一釐一絲零路費共銀七分五釐一毫七絲零內柴直銀七兩路費銀七分鹽鈔銀四錢三分一釐一絲零路費銀五釐一毫七絲零

工部項下折色共銀二十六兩五錢三分七釐二毫零路費共銀三釐五毫四絲四忽內匠役銀三錢五分四釐四毫路費銀三釐五毫四絲四忽段疋銀二十六兩一錢八分二釐八毫二絲零

舊編存留項內今裁改解部充餉銀六十七兩五錢二分六釐五毫六絲五忽內弓兵銀二兩九錢順治九年裁扣銀二十七兩七錢順治十四年裁減銀八兩一錢六分六釐六毫零膳夫裁銀三兩三錢三分三釐三毫康熙元年新裁吏書銀二十兩又裁倉庫學書工食銀一兩六錢康熙三年新裁教職銀三兩八錢二分六釐六毫

漁課銀三錢二釐五毫路費銀三分二毫五絲

運司解部充餉完字號座船水手銀一錢八釐三毫三

絲

一存留以遇閏所言

通共存留銀三百八十一兩二錢六分六釐九毫零

内分別

本省兵餉銀九十七兩三分二釐六毫零内民壯銀五十七兩裁冗銀二十八兩七錢九分六釐七毫零預備秋米折銀一十一兩二錢三分五釐八毫五絲零

解司共銀六錢七分五釐三毫六絲内原目銀二錢五分八釐七毫節字號座船水手銀四錢一分六釐六毫六絲

存留各項雜支共銀一百九十兩三釐六毫六絲五

忽內本府知府俸銀八兩七錢四分九釐九毫知縣俸銀三兩七錢四分九釐九毫門子二名共銀一兩皂隷一十六名共銀八兩馬快八名共銀一十一兩二錢民壯五十名共銀二十五兩燈夫四名共銀二兩禁卒八名共銀四兩轎傘扇夫七名共銀三兩五錢庫子四名共銀二兩斗級四名共銀二兩縣丞俸銀三兩三錢三分三釐三毫門皂馬夫六名銀三兩典史俸銀二兩六錢二分六釐六毫門皂馬夫六名銀三兩教諭俸銀二兩六錢二分六釐六毫齋夫六名共銀六兩膳夫八名共銀三兩三錢三分三釐三毫門子三名共銀一兩八錢黃家堰梁湖壩巡檢二員共俸銀五兩二錢五分三釐二毫皂隷四名共銀二兩看守分司門子共銀九錢鹽捕銀四兩八錢黃家堰巡司弓兵共銀二兩四錢又鹽課并滴珠銀四兩二錢四分二釐廟山巡司弓兵銀三兩三錢又鹽課并滴珠銀二錢二分二釐二毫梁湖巡司弓兵銀三兩各舖司兵共銀三十五兩一錢渡夫銀二兩三錢六分六釐六毫六絲零壩夫工食并纜索共銀

二十九
兩五錢
兵部項下僱夫馬銀九十三兩五錢五分五釐三毫
四絲
一額外匠班銀一百二十六兩八錢五釐五毫又當
稅牙稅雜稅等銀歲無定額賦役全書不載至於年
終以收過數目造報查核
新昌縣田地山蕩共三千九十三頃七十一畝二分
三釐六毫
田一千九百七十四頃七畝一釐七毫内原額田同上康熙六年

清丈無缺無增

地五百八十二頃五十六畝四分九毫内原額地同上康熙六年清丈無缺無增

山五百三十六頃九十五畝八分二釐内原額山同上康熙六年清丈無缺無增

塘一十一畝九分九釐内原額塘同上康熙六年清丈無缺無增

人丁一萬二千二百三十九丁内原額丁一萬二千三十九丁今增二百丁

合計田地山蕩人丁等項共徵本色糧二百五十六

石一斗三升四合五勺零折色銀一萬四千六百九兩四錢二分六釐五毫八絲六忽

一起運

各部寺本折正賦裁扣等銀六千五百四十一兩四錢七分一釐一毫零滴珠鋪墊路費銀六十一兩一錢八分一釐八毫零內分別

戶部項下本色共銀二千七兩九錢二分八釐七忽零鋪墊路費銀八兩五錢五分六釐八毫零內顏料銀二十三兩六錢七分四釐三忽零鋪墊銀五兩七錢一分五釐九毫七絲零解掮路費銀二兩八錢四分八毫

八絲零黄蠟銀二兩九錢六分六釐七毫九
絲零茅茶銀一兩二錢八分七釐二毫零
折色共銀三千八百五兩三錢一分四絲零滴珠路
費共銀三十八兩九錢九分九釐二毫零内金花銀五百五十
四兩八錢七分二釐五毫滴珠路費銀一十四兩九
錢八分一釐五毫五絲零農桑絹折銀一十五兩一
錢七分九釐五毫路費銀一錢五分一釐七毫九絲
五忽折色蠟價銀六十六兩九錢三分七毫路費銀
六錢六分九釐三毫七忽富戶銀六兩路費銀六分
昌平州銀四兩路費銀四分芽茶銀一兩四錢五分
六釐八毫三絲零路費銀一分四釐五毫六絲零葉
茶銀九錢三分二毫五絲路費銀九釐三毫零黄蠟
銀一十九兩三錢二分七釐一毫三絲路費銀一錢
九分三釐二毫七絲零江南藥價銀九分三釐六毫
津貼路費銀一分八釐七毫二絲柴直銀三十六兩
九錢路費銀三錢六分九釐顔料改折銀二百四十

四兩六錢二分二釐二毫六絲零路費銀二兩四錢
四分六釐二毫二絲零鹽鈔銀一十二兩九分六釐
四毫三絲零路費銀一錢四分五釐一毫五絲零又
九釐銀二千八百四十二兩九錢八毫三絲路費銀
一十九兩九
錢三毫零
禮部光祿寺項下本色藥材料價銀七錢六釐二毫
零津貼路費銀三錢五分三釐一毫零折色共銀三
兩二錢二分七釐四毫零路費共銀一兩二錢二分
七釐二絲零內藥材銀二兩四錢三分八釐二毫六絲三忽津貼路費銀一兩二錢一分九釐一毫三絲零菉筍銀七錢八分九釐二毫路費銀七釐八毫九絲零
工部項下本色桐油銀二兩二錢七釐五毫零解費

銀七兩四錢三分五釐八毫四絲折色共銀六百五十兩一錢二分六釐六毫零路費共銀三兩一錢五釐一毫零內鹿皮銀六錢匠役銀八錢七分六釐一毫路費銀八釐七毫六絲零桐油折銀九兩六錢四分三釐三毫五絲零路費銀九分六釐四毫三絲零漆木銀一兩八分二釐七毫牛角銀三百兩路費銀三兩箭銀九十兩九錢弦銀四十九兩七錢胖襖銀二十七兩四錢一分四釐四毫七絲零工料銀一百五十兩歲造段疋銀一十八兩五錢一分九釐八毫軍器路費銀一兩三錢九分二毫

舊編存留項內今裁改解部充餉共銀二千五十一兩五錢五分四釐八絲零路費共銀一兩五錢四釐六毫二絲內府縣捕盜銀五十兩四錢鹽捕抵課并滴珠銀一十八兩一錢八分行香銀二三兩

馬價銀一百五十兩四錢六分二釐路費銀一兩五錢四釐六毫二絲預備倉經費銀一十八兩備用銀五十四兩五錢八分積餘銀三十三兩二錢二釐七毫九絲零積餘米易銀四兩一錢三分四釐五毫一絲零順治九年裁扣銀二百三十兩順治十二年裁扣銀八兩順治十四年裁減銀五百七兩一錢九分二釐膳夫裁銀四十兩康熙元年新裁吏書工食銀八十四兩康熙二年盡裁生員廩糧銀六十四兩又裁倉庫學書工食銀一十九兩二錢康熙三年裁教職銀六十五兩一錢二分優免銀三百一十三兩七錢三分二釐一毫學道歲考銀一十六兩一錢里馬銀一十二兩軍儲充餉銀三百六十兩二錢五分六毫七絲零

運司解部充餉完字號座船水手銀四錢一分一釐一毫

一存留

通共存留銀八千二百五十八兩四錢五分二毫零

内除全書原編嵊縣協濟經費不敷銀一百三十六兩九錢六分一釐六絲六忽外本縣田地實徵銀八千一百二十一兩四錢八分九釐二毫零内於本省額編兵餉内提出軍儲彙列充餉外實該兵餉銀五千五百四兩七錢二分四釐九毫零内田地山銀一千六百五十兩九錢六分二釐六毫預備秋米折銀二百六十一兩均徭充餉銀九十六兩民壯充餉銀四百一兩二錢本府倉歲餘米銀六百五十五兩四錢九釐九毫七絲零續撥軍儲銀一千五百三十七兩二錢五分二

釐三毫五絲裁冗銀七百八十二兩五錢加原協濟
龍常二縣夫馬令抵解兵餉銀一百二十兩四錢
解司共銀一百二十六兩一錢五分六釐七毫八絲
內科舉銀二兩四錢九分一釐八毫會試舉人水手
銀一十四兩武舉銀一錢五分催稅銀二兩戰船銀
一十三兩四分九釐二毫解司備用銀七十九兩四
錢六分五釐六毫八絲布政司解戶銀一十五兩一
府縣存留共銀一千七百六十三兩六錢九分七釐
四毫一絲內進表并拜賀習儀銀一兩八錢七分四
釐官役俸食心紅等項內本縣知縣俸銀
四十五兩心紅銀二十兩門子二名共銀一十二兩
皂隸一十六名共銀九十六兩馬快八名共銀一百
三十四兩四錢民壯五十名共銀三百兩燈夫四名
共銀二十四兩禁卒八名共銀四十八兩修理監倉
銀二十兩轎傘扇夫七名共銀四十二兩庫子四名
共銀二十四兩斗級四名共銀二十四兩縣丞俸銀

四十兩門皂馬夫六名共銀三十六兩典史俸銀三十一兩五錢二分門皂馬夫六名共銀三十六兩訓導俸銀三十一兩五錢二分齋夫六名共銀七十二兩膳夫八名共銀四十兩門子二名共銀一十四兩四錢喂馬草料銀一十二兩祭祀賓興內本府諭祭銀六兩六錢六分六釐六毫六絲本縣祭祀銀一百四十四兩文廟香燭銀一兩六錢迎春銀四兩鄉飲銀八兩季考銀一十三兩本府歲貢路費等銀七錢五分觀風銀四兩雜支內新官到任祭門等銀二兩府縣壓遷祭門等銀二兩五錢看守分司府舘門子共銀一十兩八錢各舖司兵共銀三百一十兩八錢修城民七銀七兩五錢四分五釐修理本縣城垣銀二十兩修理鄉飲器皿等銀三兩二錢五分存縣備用銀三十四兩七錢五分六釐七毫二絲二三年一辦內本縣歲貢路費旗匾等銀三十三兩迎宴新舉人等銀七兩六錢六分六釐起送會試舉人等銀一十三兩九錢七分五釐八毫賀新進士等銀六兩六錢六分六釐六毫三絲起送科舉生員等銀二十四

兩六釐六毫内外賦不入田畝銀八兩四錢四分六釐八毫四絲歸經費支用

隨漕項下折色共銀一百四十六兩一分五釐四毫六忽内貢具銀四十六兩七錢三分七釐九毫零淺船銀九十九兩二錢七分七釐五毫

兵部項下共銀七百一十七兩八錢五分五釐七毫零内驛站銀九兩八錢五分五釐七毫八絲零經臨公幹官員合用心紅等銀二十兩合用門皂銀四十兩公幹官役經臨本縣中火宿食廩糧銀三十八兩僱夫銀三百七十兩僱馬銀二百四十兩

本年額徵米通共二百五十六石一斗三升四合五勺零内除孤貧口糧米二百一十六石奉裁充餉已入順治十四年裁減數内又積餘米四石一斗三升

四合五勺零每石易銀一兩充餉外實該存給囚米三十六石

以上通共起運銀六千五百四十一兩四錢七分一釐一毫零滴珠路費銀六十一兩一錢八分一釐八毫零存留銀八千二百五十八兩四錢五分三毫內嵊縣協濟銀一百三十六兩九錢六分一釐六絲零今奉

旨彙解戶部本折正賦裁扣等項通共六千五百四十一兩四錢七分一釐一毫零滴珠路費銀六十一兩一錢八分一釐八毫零存留本省兵餉銀五千五

百四兩七錢二分四釐九毫零存留各項雜支除嵊縣協濟經費不敷外本縣實徵銀共二千六百一十六兩七錢六分四釐三毫零獄囚米三十六石

遇閏地畝加銀二百九十九兩二分七釐四毫零外賦課鈔加銀一分八釐三毫二絲共加閏銀二百九十九兩四分五釐七毫零

一起運以遇閏而言

本折正賦并裁扣共銀四十四兩八錢八分一釐一毫零路費銀四分二釐八毫零內分別

戸部項下折色共銀四兩八釐三絲零路費共銀四分二釐九絲零　内柴直銀三兩路費銀三分鹽鈔銀一兩八釐三絲零路費銀一分二釐九絲零

工部項下折色共銀五兩四錢六分四釐九毫零路費銀七毫九絲零　内匠役銀七分九釐八毫路費銀七毫九絲零歲造叚疋銀五兩二錢八分五釐一毫二絲零

舊編存留項内今裁改解部充餉共銀三十五兩三錢七分四釐九毫　内鹽捕抵課并滴珠路費銀一兩五錢一分五釐順治九年裁扣銀一十七兩五錢膳夫裁銀三兩三錢三分三釐三毫康熙元年新裁吏書銀七兩又裁倉庫學書銀一兩

六錢康熙三年裁教職銀三兩八錢二分六釐六毫

運司解部充餉完字號座船水手銀三分四釐二毫六絲

一存留以遇閏而言

通共存留銀二百五十四兩一錢二分七毫零內分別

本省兵餉共銀七十七兩八錢八分四釐三毫零內民壯銀三十九兩完役銀二十七兩六錢預備秋米銀一十一兩二錢八分四釐三毫七絲零

存縣各項雜支銀一百一十四兩三錢六分九釐七

毫內知縣俸銀三兩七錢四分九釐九毫門子二名銀一兩皂隷一十六名銀八兩馬快八名銀一十一兩二錢民壯五十名銀二十五兩燈夫四名銀二兩禁卒八名銀四兩轎傘扇夫七名銀三兩五錢庫子四名銀二兩斗級四名銀二兩縣丞俸銀三兩三錢三分三釐三毫門皂馬夫六名銀三兩典史俸銀二兩六錢二分六釐六毫門皂馬夫六名銀三兩訓導俸銀二兩六錢二分六釐六毫齋夫六名銀六兩膳夫八名銀三兩三錢三分三釐三毫門子二名銀一兩二錢看守分司府館門子三名銀九錢各鋪司兵銀二十五兩九錢

兵部項下共銀六十一兩八錢六分六釐六毫七絲

兩僱夫銀三十六兩六錢六分六釐六毫七絲僱馬銀二十五兩二錢

一額外匠班銀一十六兩三錢六分二釐又當稅牙

稅雜稅等銀歲無定額賦役全書不載至於年終以收過數目造報查核

嵊縣田地山塘共七千三百五十頃九十畝二分五釐六毫

田四千四百六十頃八十四畝一分七釐八毫內原額田四千四百五十八頃二十三畝二釐四毫康熙六年清丈無缺新增丈出田二頃六十一畝一分五釐四毫

地一千四百九十九頃十一畝三釐九毫原額地一千五百頃三十畝八分二釐康熙六年清丈缺地一頃九十畝七分八釐一毫丈出地無

山一千三百二十七頃一十九畝七毫內原額山一千三百二十六頃三十畝二分三毫康熙六年清丈無欽新增丈出山八十八畝八分四毫

塘六十三頃七十六畝三釐二毫內原額塘六十三頃四十二畝五分康熙六年清丈無欽新增丈出塘三十三畝五分三釐二毫

人丁一萬八千一十九丁內原額丁一萬八千四丁今增鄉民一十五丁

合計田地山蕩人丁等項共徵本色糧三千二十八石五斗七升四合七勺零折色銀三萬四千二百五十三兩六錢三分三毫零

一起運

各部寺本折正賦裁扣等銀通共一萬七千八百一十一兩七錢七分八釐五毫零滴珠鋪墊路費共銀一百四十兩三錢四分九釐六毫零內分別

戶部項下本色共銀三十五兩四錢一分四釐八絲零鋪墊解損共銀八兩五錢五分六釐八毫零內顏料銀二十三兩六錢七分四釐三忽零鋪墊銀五兩七錢一分五釐九毫九絲零解損路費銀二兩八錢四分八毫八絲零黃蠟銀八兩一錢八分七釐八毫六絲零芽茶銀三兩五錢五分二釐二毫零

折色共銀八千六百六十四兩六錢五分五釐九毫零滴珠路費共銀八十七兩四錢三分八釐一毫零內金花銀

一千二百二兩一錢八分四釐九毫二絲零滴珠鹽費銀三十三兩四錢五分八釐九毫九絲零農桑絹折銀五兩二錢五分路費銀五分二釐五毫派剩米折銀一百五十兩二錢五分一釐一毫三絲零路費銀一兩八錢三釐一絲零折色蠟價銀一百八十四兩七錢一分路費銀一兩八錢四分七釐一毫富戶銀一十六兩路費銀一錢六分昌平州銀四兩路費銀四分芽茶銀四兩二分三毫三絲路費銀四分二毫零葉茶銀二兩五錢六分六釐二毫五絲路費銀二分五釐六毫六絲零黃蠟銀五十三兩三錢三分九釐五毫六絲零路費銀五錢三分三釐三毫九絲零江南藥價銀二錢七分九釐五毫五絲津貼路費銀五分五釐九毫一絲柴直銀一百二十五兩三錢路費銀一兩二錢五分三釐顏料改折銀二百四十四兩六錢二分二釐二毫六絲零路費銀二兩四錢四分六釐二毫二絲零鹽鈔銀三兩四錢五分二釐一毫二絲零路費銀四分一釐四毫二絲零又九釐銀六千六百六十八兩六錢七分九釐七毫七絲路

費銀四十六兩六錢

八分七毫五絲零

禮部光祿寺項下本色藥材料價銀二兩一錢八釐

九毫津貼路費銀一兩五分四釐四毫五絲薦新茶

芽袋袱簍損路費銀六兩折色共銀五十二兩五錢

七分八釐八毫路費共銀四兩九分三釐三毫八絲

內牲口銀二十八兩路費銀三錢八分藥材折色銀七兩二錢八分八毫津貼路費銀三兩六錢四分四毫果品銀一十三兩三錢菓笋銀三兩九錢九分八釐路費銀一錢七分二釐九毫八絲

工部項下本色桐油銀六兩六錢一分七釐八毫零

墊費銀二十二兩二錢九分一釐六毫八絲折色共

銀一千八百五十七兩三錢四分三毫零路費共銀六兩三錢四分五釐三毫零內麂狐皮銀一兩八錢匠役銀二兩六錢二分八釐三毫路費銀二分六釐二毫八絲零桐油折銀二十八兩九錢九釐五毫二絲零路費銀二錢八分九釐九絲零漆木銀三兩二錢五分二毫牛角銀六百三兩路費銀六兩三分箭銀一百八十三兩一錢弦銀一百一兩一錢胖襖銀八十二兩二錢三分七釐七毫零工料銀三百五十兩歲造段疋銀三百五十六兩四錢九分二釐九毫軍器民七銀一百四十兩六錢五分一釐二毫軍器路費銀四兩一錢七分五毫

舊編存留項內今裁改解部充餉共銀七千一百九十二兩六分二釐六毫零路費共銀四兩五錢六分

九釐七毫丙府縣捕盜銀五十七兩六錢鹽捕抵課并滴珠銀一十八兩一錢八分行香銀三兩馬價銀四百五十六兩九錢七分路費銀四兩五錢六分九釐七毫預備倉經費銀二十二兩常豐二倉經費銀一十五兩六錢縣備用銀四十九兩八錢各役工食裁剩銀三兩八錢三分七釐五毫五絲零續餘銀二十六兩一錢三分二釐五絲零積餘米易銀一十八兩八錢六分六釐五毫九絲零順治九年裁扣銀二百五十一兩六錢順治十二年裁扣銀八兩順治十四年裁減銀四百三十五兩九錢三分二釐膳夫裁銀四十兩康熙元年新裁吏書工食銀八十四兩康熙二年盡裁生員廩糧銀六十四兩又裁倉庫學書工食銀三十一兩二錢康熙三年裁教職銀六十五兩一錢二分優免充餉銀一百九十五兩五錢九釐三毫八絲零學道歲考銀一十八兩六錢里馬銀一十六兩八錢八分軍儲充餉銀二百九十九兩四錢九分三釐六絲零南折銀五千九兩七錢四分二釐

運司解部充餉完字號座船水手銀一兩

一存留

通共存留銀一萬六千三百五十四兩六錢七分五釐六毫零内於本省額編兵餉内提出軍儲南折二欵彚列充餉外實該兵餉銀一萬一千一百七兩六錢三分六釐二毫零内田地山銀三千七百七十七兩八錢四分五毫七絲零預備秋米折銀八百七十八兩二錢七分八釐五絲零均徭充餉銀六十六兩民壯充餉銀七百九兩八錢二分本府倉歲餘米銀一千五百一十三兩三錢四分二釐二毫零續撥軍儲銀三千二百二十兩五錢五釐三毫一絲零曆日充餉銀四兩七錢六分裁冗銀八百三十兩一錢加原協濟龍江常三縣夫馬今抵解

兵餉銀一百
二十五兩

解司共銀二百六十二兩一錢一分四釐三毫一絲
內科舉銀七十兩四錢一分二釐八毫會試舉人水
手銀三十二兩武舉銀四錢五分顧稅銀二兩曆日
銀一十兩九錢二釐戰船銀三十九兩一錢四分九
釐二毫解司備用銀七十七兩二錢四毫一絲布政
司解戶銀
三十兩

存留府縣共銀二千四十九兩一錢二分五釐四毫
零內進表并拜賀習儀銀二兩二錢三分官役俸食
心紅等項內紹守道轎傘扇夫七名共銀四十二
兩本府庫子四名共銀二十四兩修倉備辦刑具銀
一十二兩五錢九分六毫九絲零通判員下門子二
名共銀一十二兩燈夫二名共銀一十二兩本縣知
縣俸銀四十五兩心紅銀二十兩門子二名共銀一

十二兩皂隷十六名共銀九十六兩馬快八名共銀一百三十四兩四錢民壯五十名共銀三百兩歷夫四名共銀二十四兩禁卒八名共銀四十八兩修理倉監銀二十兩轎傘扇夫七名共銀四十二兩庫子四名共銀二十四兩斗級四名共銀二十四兩縣丞俸銀四十兩門皂馬夫六名共銀三十六兩典史俸銀三十一兩五錢二分門皂馬夫六名共銀三十六兩訓導俸銀三十一兩五錢二分齋夫六名共銀七十二兩膳夫八名共銀四十兩門子二名共銀一十四兩四錢喂馬草料銀一十二兩協濟新昌縣經費不敷銀一百三十六兩九錢六分一釐一絲零祭祀賓興內本府論祭銀六兩六錢六分六釐六毫六絲本縣祭祀銀一百五十六兩文廟香燭銀一兩六錢迎春銀四兩鄉飲銀八兩季考銀一十四兩本府歲貢旗匾銀七錢五分觀風銀四兩雜支內新官到任祭門等銀二兩八錢五分府縣陞遷祭江等銀二兩五錢看守分司府舘門子共銀一十四兩四錢三界公舘門子銀四兩五錢各舖司兵共銀二百七十九

兩修城民七銀二十一兩八錢八分修理本縣城垣銀二十兩修理官船水手銀四十八兩修理鄉飲器皿等銀三兩二錢五分存縣備用銀三十三兩八錢三分五釐八毫九絲二三年一辦内本縣歲貢路費旗匾等銀三十三兩迎宴新舉人等銀六兩五錢起送會試舉人等銀一十七兩七錢一分七釐八毫賀新進士等銀四兩起送科舉生員等銀一十七兩五分三釐三毫内外賦不入田畝銀一十七兩七錢五釐六毫五絲

歸經費支用

隨漕項下共折色銀三百五十兩九錢六釐六毫零

内貢具銀五十三兩七分三釐九毫三絲零

淺船銀二百九十七兩八錢三分二釐七毫

兵部項下共銀二千五百八十四兩八錢九分三釐三絲内驛站銀一千七百一兩九錢七分三釐三絲

公幹官員經臨本縣中火宿食廩糧等項五十

兩經臨公幹官員合用心紅等銀二十二兩合用門
皁銀六十兩僱夫銀四百二十九兩四錢僱馬銀二
百六十一兩五錢二
分僱船銀六十兩
本年額徵米通共三千二十八石五斗七升四合七
勺零内除孤貧口糧米七十二石奉裁充餉已入順
治十四年裁減數内又收零積餘米一十八石八斗
六升六合五勺零每石易銀一兩充餉外實該月糧
米二千九百石縣獄囚米三十六石
一額外歲徵鹽課苦滷銀三兩車珠銀五分一釐係外
賦不入
田畝

以上通共起運銀一萬七千八百一十四兩七錢七分八釐五毫零滴珠路費銀一百四十兩四錢六毫零存留銀一萬六千三百五十四兩六錢七分五釐六毫零今奉

旨彙解戶部本折正賦裁扣等項通共銀一萬七千八百一十四兩七錢七分八釐五毫零滴珠路費銀一百四十兩四錢六毫零存留本省兵餉銀一萬一千一百七兩六錢三分六釐二毫零存留各項雜支銀共五千二百四十七兩三分九釐三毫零月糧米

二千九百石四米三十六石

遇閏地畝加銀三百九十三兩五錢七分三釐一毫

零外賦加銀一兩四錢七分五釐四毫五絲共加閏

銀三百九十五兩四分八釐六毫零

一起運以遇閏而言

本折正賦裁扣等銀六十一兩六錢八分三釐一毫

零路費共銀六分六釐三毫零內分別

戶部項下折色共銀六兩三錢五分五毫零路費共

銀六分四釐二毫零內柴直銀六兩路費銀六分鹽鈔銀三錢五分五毫一絲零路

費銀四釐二毫零

工部項下折色共銀一十六兩三錢七分四釐三毫零路費銀二釐一毫九絲内匠役銀二分九釐路費銀二釐一毫九絲段疋銀一十六兩一錢五分五釐三毫六絲零

舊編存留項内今裁改解部充餉共銀三十八兩八錢七分四釐九毫内鹽捕抵課并滴珠銀一兩五錢一分五釐順治九年裁扣銀一十九兩三錢順治十四年裁減銀七錢膳夫裁銀三兩三錢三三分三釐三毫康熙元年新裁吏書工食銀七兩又裁倉庫學書工食銀二兩六錢康熙三年裁教職銀四兩四錢二分六釐六毫

運司解部充餉完字號座船水手銀八分三釐三毫

三條

一存留以遇閏而言

通共存留銀三百三十三兩二錢九分九釐一毫零

內分別

本省兵餉共銀一百四十兩八錢四分四釐八毫零

內民壯充餉銀六十九兩裁冗充餉銀三十三兩預備秋米充餉銀三十八兩八錢四分四釐八毫零

解司曆日銀一錢五分九釐六毫

存縣各項雜支共銀一百二十二兩八錢九分四釐七毫

內紹守道轎傘扇夫七名共銀三兩五錢庫子四名共銀二兩通判員下門子二名共銀一兩

燈夫二名共銀一兩知縣俸銀三兩七錢四分九釐九毫門子二名共銀一兩皂隸一十六名共銀八兩馬快八名共銀一十一兩二錢民壯五十名共銀二十五兩燈夫四名共銀二兩禁卒八名共銀四兩轎傘扇夫七名共銀三兩五錢庫子四名共銀二兩斗級四名共銀二兩縣丞俸銀三兩三錢三分三釐三毫門皂馬夫六名共銀三兩典史俸銀二兩六錢二分六釐六毫門皂馬夫六名共銀三兩訓導俸銀二兩六錢二分六釐六毫齋夫六名共銀六兩膳夫八名共銀三兩三錢三分三釐三毫門子二名共銀一兩二錢看守分司府館門子二名共銀一兩二錢三界公館門子銀三錢七分五釐各鋪司兵銀三十三兩二錢五分修理

宮船水手銀三兩

兵部項下夫馬銀六十九兩三錢九分九釐九毫零

遇閏加米一百石係運丁月糧

一額外匠班銀四十一兩八錢一分四釐又當稅　牙稅雜稅等銀歲無定額賦役全書不載至於年終以收過數目造報查核

合府原額田地山蕩池塘溇浜瀝港共陸萬柒千柒百壹拾捌頃玖拾壹畝陸分陸釐壹毫

康熙拾伍年奉文爲酌計墾荒等事案内新墾田陸頃伍拾柒畝伍分貳釐壹毫地柒頃肆拾陸畝叁分陸釐伍毫

康熙拾陸年奉文爲籌餉期於有濟等事案内清出

田貳拾伍頃玖拾叁畝捌釐貳毫柒絲肆忽清出地伍拾頃陸拾壹畝捌分貳釐玖毫捌絲肆忽清出山柒拾陸頃壹拾肆畝陸分肆釐伍毫叁絲清出池塘溇蕩肆頃玖拾捌畝陸分壹釐貳毫玖絲清出鈔蕩壹拾貳頃柒畝玖分壹釐叁毫陸絲至康熙貳拾壹年止通共合府田地山蕩池塘溇浜瀝港陸萬柒千玖百貳頃玖拾壹畝叁分捌釐玖毫玖絲叁忽

田共叁萬捌千玖百玖拾陸頃捌拾肆畝叁分柒釐伍毫陸絲叁忽

地共陸千陸百貳拾玖頃壹拾玖畝叁釐壹毫柒絲
肆忽
灶戶田地共柒拾貳頃肆拾肆畝貳分壹釐肆毫
山共貳萬捌百陸拾壹頃壹拾壹畝肆分壹釐叁毫
捌絲陸忽
池塘溇蕩浜瀝共壹千貳百叁拾伍頃貳拾叁畝玖
分貳釐陸毫壹絲
鈔蕩共壹百捌頃捌畝肆分貳釐捌毫陸絲
人丁貳拾伍萬陸百玖拾陸丁伍分

合計田地山蕩池塘漊浜瀝港人丁等項共徵本色粮肆萬伍千玖百玖拾壹石叁斗陸升玖合伍抄肆撮陸圭捌粟捌粒伍黍內除孤貧口粮米貳千肆百玖拾肆石捌斗又除收零積餘米壹百壹拾玖石壹斗壹合伍勺壹抄玖撮叁圭玖粟叁粒每石易銀壹兩外共實徵米肆萬叁千叁百柒拾肆石肆斗陸升柒合伍勺叁抄伍撮貳圭玖粟伍粒伍黍內除起解漕運項下本色月粮米壹萬陸千貳百玖拾陸石陸斗貳合外

實徵米貳萬柒千捌拾石捌斗陸升伍合伍勺叁抄伍撮貳圭玖粟伍粒伍黍

共徵折色銀肆拾萬柒千陸百肆拾伍兩壹錢貳分柒釐捌毫壹絲肆忽叁微貳塵陸渺貳漠捌埃加孤貧口粮米易銀貳千肆百玖拾肆兩捌錢又加收零積餘米易銀壹百壹拾玖兩壹錢壹釐伍毫壹絲玖忽叁微玖塵叁渺又加外賦不入田畝塩鈔銀貳兩肆錢叁分玖釐貳毫叁絲伍忽叁微貳塵貳渺陸漠伍埃陸纖捌沙又課鈔抵給經費銀肆百壹拾玖兩

壹錢壹分肆釐柒毫叁絲捌忽又塩課并車珠路費銀壹千柒拾陸兩伍錢肆分伍釐壹毫陸絲壹忽捌微陸塵陸渺陸漠又餘姚縣新加併丈出塩課銀柒拾陸兩壹錢壹釐玖毫玖絲陸忽陸微又康熙拾捌年丈出塩課蕩地銀貳拾兩伍錢肆分壹釐伍絲壹忽又漁課併路費銀玖拾玖兩捌錢壹分捌釐陸毫玖絲伍忽壹塵貳渺伍漠又匠班銀玖百肆拾肆兩伍錢伍分壹釐伍毫又加顔料蠟茶新加銀叁百柒拾捌兩貳錢貳分壹釐柒毫肆絲壹忽肆微壹塵柒

湫伍漠通共銀肆拾壹萬叁千貳百柒拾陸兩叁錢陸分叁釐肆毫伍絲貳忽玖微叁塵捌湫伍漠叁埃陸纖捌沙内

一解漕運項下銀叁萬陸千貳百壹拾壹兩柒錢玖分壹釐貳毫零

一解驛站項下銀壹萬玖千壹百肆拾玖兩叁錢捌分陸釐玖毫零

一解塩課項下銀肆千貳百伍拾柒兩叁釐叁毫貳絲壹忽零實該解

部觧司併府縣存留銀叄拾伍萬叄千陸百伍拾捌兩壹錢捌分壹釐玖毫零

一戸部項下本折顔料蠟茶并路費共銀壹千叄百叄拾捌兩捌錢捌分肆釐肆毫零

一禮部項下本色并津貼路費銀共陸拾捌兩伍錢柒分捌釐肆毫零

一工部項下本色銀共捌百貳拾壹兩壹錢肆分捌釐零

一戸部項下折色併路費共捌萬捌千捌百陸拾壹

兩陸錢壹分貳釐捌毫零
一禮部項下折色銀共柒百陸拾柒兩玖錢陸分叁
釐壹毫捌絲
一工部項下折色并路費共銀貳萬叁千貳百貳拾
肆兩貳錢捌分玖釐捌毫零
一裁改充餉項下共銀壹拾貳萬肆千捌百陸拾陸
兩玖錢柒分捌釐壹毫零
一康熙拾肆年奉裁除復留外實裁銀充餉共肆千
貳百陸拾叁兩玖錢肆分叁厘壹毫零

又續裁銀玖百捌拾柒兩肆錢叁分伍釐玖毫零

一康熙拾伍年奉裁除復留外實裁充餉銀壹千陸百玖拾肆兩伍錢叁分陸釐零

一康熙拾陸年奉裁除復留外實裁充餉銀玖千柒百肆拾捌兩陸錢陸釐叁毫

一康熙拾柒年奉裁除復留外實裁充餉銀貳千壹百捌拾玖兩壹錢壹分叁釐玖毫

一戶部舊編裁改充餉項下共銀捌萬貳千壹百玖拾捌兩壹錢貳釐壹毫零

一布政司項下存留銀共貳千肆百肆兩伍錢伍分叁厘零

一府縣存留項下共銀壹萬貳百壹拾捌兩柒錢玖分捌厘玖毫零

紹興府志

紹興府志卷之十六

水利志一

湖　溪　河　江

越澤國也禹治水終於會稽蓋地勢𠪋卑下云孔子稱禹盡力溝洫其迄功當必有甽澮經畧而往籍絕無考至句踐文種蹐極力生聚四境内蓋勤勤矣然水利竟鮮聞焉語曰事常則不談豈習知之遂漫不識邪今可徵者葢自鏡湖始馬太守至今血食功德甚盛無窮以與湖故也今八邑自嵊新昌外其六邑

俱以湖爲水庫農夫望之爲命盛夏時爭水或至鬬相殺然上下歷代則田日增湖日損至今侵湖者猶日未巳地狹人稠固其勢也邇來丈田之議起湖中熟田率多起科鄉長老云湖中不宜有田有田妨水利起科非便而或者又謂不起科止損縣官糧田固在近湖應蔭田亦不緣遂患旱家爲一說莫知然否總之湖爲遠利今侵者雖莫能禁然要爲干法若以起科召之則田湖者乃爲公家增賦豪戶競爭先矣舊侵者斟酌半存之嚴禁將來因時爲師亦中策也

水自溪入湖淺于河注于江達于海防其氾濫則堤塘堰壩時其啟閉則閘水門分引水則碶灌田通舟魚鰕菱芡利害盡矣湖之夏蓋湘牟山餘支燭溪河之運溪之剡堤之後海塘之西江壩之梁湖曹娥閘之三江碶之孝行皆其最著者云

湖按水利書湖經及諸邑志諸鄉湖各有應蔭田田皆有畝甚纖悉顧歷水久不無少變或難以為據今不具載載諸湖存者名廢湖附焉稍摘其關利害者具大畧焉餘見山川志

山陰天照湖在東鄉狭猹湖白水湖在北鄉黄垞湖黄湖在西北鄉青田湖芝塘湖感聖湖牛頭湖西湖石湖容山湖秋湖前瓜渚湖後瓜渚湖在西鄉瘦湖十鑑湖錢家湖楊家湖馬安湖上盈湖下盈湖贔石湖撞石湖確山湖相湖芝塘狭猹二湖稍有侵爲田者聞之長老云湖中故有蕩稅其先豪家稍因蕩爲田久之乃葢侵不已或羸故畝近更有無蕩而擅侵者矣

會稽李家湖小官湖大官湖丁家湖在二十一都淳湖黄豆湖湯湖在二十二都長湖搶珠湖嬉湖招福

湖石浦湖丁家湖鶉鴣湖在二十三都舒屈湖瀝上湖瀝下湖白蕩湖洗馬湖白馬湖章家湖姚家湖范洋湖杜家湖離家湖沈家湖在二十四都橋亭湖在三十都西湖賈家湖在三十一都

附曾鞏鑑湖圖序

鑑湖一曰南湖南並山北屬州城漕渠東西江漢順帝永和五年會稽太守馬臻之所爲也至今九百七十有五年矣其六周三百五十有八里凡水之出於東南者皆委之州之東自城至于東江其北隄石楗二陰溝十有九通民田田之南屬漕渠北東西屬江者皆溉之州之東六十里自東城至于東江其南隄陰溝十有四通民田田之北抵漕渠南並山西並隄東屬江者皆溉之州之西三十里曰柯山斗門通民田田之東並城南並隄北濵漕渠西屬江者皆溉之總之溉山陰會稽

兩縣十四鄉之田九千頃非湖能溉田九千頃而已蓋田之至江者盡於九千頃也其東曰曹娥斗門曰蒿口斗門之水循南隄而東者由之以入于東江其西曰廣陵斗門曰新逕斗門之水循北隄而西者由之以入于西江其北曰朱儲斗門去湖最遠蓋因三江之上兩山之間疏爲二門而以時視田中之水小溢則縱其一大溢則盡縱之使入于三江之口所謂湖高于田丈餘田又高海丈餘水少則泄湖溉田水多則泄田中水入海無荒廢之田水旱之歲者此也繇漢以來幾千載其利未嘗廢也宋興民始有盜湖爲田者祥符之間二十七戸慶曆之間二戸爲田四頃當是時三司轉運司猶下書切責州縣使復田爲湖然自此益慢法而姦民浸起至于治平之間盜湖爲田者凡八千餘戸爲田七百餘頃而湖廢幾盡矣其僅存者東爲漕渠自州至于東城六十里南通若耶溪自樵風涇至于桐塢十里皆水廣不能十餘丈每歲少雨田未病而湖蓋已先涸矣自此以來人爭爲計說蔣堂則謂宜有罰以禁侵耕有賞以開告者

杜杞則謂盜湖爲田者利在縱湖水一雨則放聲以動州縣而斗門輒發故爲之立石則水一在五雲橋水深八尺有五寸會稽主之一在跨湖橋水深四尺有五寸山陰主之而斗門之鑰使皆納于州水溢則遣官視則而謹其閉縱又以謂宜益理防隄斗門其敢田者拔其苗責其力以復湖而重其罰猶以爲未也又以謂宜加兩縣之長以提舉之名課其督察而爲之殿最吳奎則謂每歲農隙當儆人濬湖積其泥塗以爲丘阜使縣主其役而州與轉運使提點刑獄督攝賞罰之張次山則謂湖廢僅有存者難卒復宜益廣漕路及他便利處使可漕及注民田里置石柱以識在之內禁敢田者刁約則謂宜斥湖三之一與民爲田而益隄使高一丈則湖可不開而其利自復范師道施元長則謂重侵耕之禁猶不能使民無犯而斥湖與民則侵者孰禦又以湖水較之高於城中之水或三尺有六寸或二尺有六寸而益隄壅水使高則水之敗城郭廬舍可必也張伯玉則謂日役五千人濬湖使至五尺當十五歲畢至三尺當九歲畢

然恐工起之日浮議外搖役夫內潰則雖有智者猶不能必其成若日役五千人益隄使高八尺當一歲畢其竹木之費凡九十二萬有三千計越之戶二十萬有六千賦之而復其租其勢易足如此則利可坐收而人不煩弊陳宗言趙誠復以水勢高下難之又以謂宜修吳奎之議以歲月復湖當是時都水善其言又以謂宜增賞罰之命其爲說如此可謂博矣朝廷未嘗不聽用而著之於法故罰有自錢三百至于千又至于五萬刑有自杖者至徒二年其文可謂密矣然而田者不止而日愈多湖不加濬而日愈廢其故何哉法令不行而苟且之俗勝也昔謝靈運從宋文帝求會稽回踵湖爲田太守孟顗不聽又求休崲湖爲田顗又不聽靈運至以語詆之則利于請湖爲田越之風俗舊矣然南湖由漢歷吳晉以來接于唐又接于錢鏐父子之有此州其利未嘗廢者彼或以區區之地當天下或以數州爲鎮或以一國自王內有供養祿廩之須外有貢輸問遺之奉非得晏然而已也故強水土之政以力本利農亦皆有數而錢鏐

之法冣詳至今尚多傳於人者則其利之不廢有以也近世則不然天下爲一而安於承平之故在位者重舉事而樂因循而請諸湖爲田者其語言氣力往往足以動人至于修水土之利則又費財動衆從古所難故鄭國之役以爲足以疲秦而西門豹之治鄴渠人亦以爲煩苦其故如此則吾之吏孰肯任難當之怨來易至之責以待未然之功乎故說雖博而未嘗行法雖密而未嘗舉田之所以日多湖之所以日廢率繇是而已故以爲法令不行而苟且之俗勝者豈非然哉夫千歲之湖廢興利害較然易見然自慶曆以來三十餘年遭吏治之因循至於旣廢而世猶莫籍其所以然況於事之隱微難得而考者繇苟簡之故而弛壞於冥冥之中又可知其所以然乎今謂湖不必復者曰湖田之入旣饒矣此游說之士爲利於侵耕者言之也夫湖未盡廢則湖下之田旱此方今之害而衆人之所覩也使湖盡廢則湖之爲田亦旱矣此將來之害而衆人之所未覩也故曰此游說之士爲利於侵耕者言之而非實知利害者也謂湖

不必濬者曰益隄壅水而已此好辯之士爲樂聞苟簡者言之也夫以地勢較之壅水使高必敗城郭此議者之所已言也以地勢較之濬湖使下然後不失其舊不失其舊然後不失其宜此議者之所未言也又山陰之石則爲四尺有五寸會稽之石則幾於倍之壅水使高則會稽得尺山陰得半地之窪隆不並則益隄未爲有補也故曰此好辯之士爲樂聞苟簡者言之而又非實知利害者也二者既不可用而欲禁侵耕開告者則有賞罰之法矣欲謹水之蓄泄則有閉縱之法矣欲痛絕敢田者則拔其苗責其力以復湖而爭其罰又有法矣或欲任其責於州縣與轉運使提點刑獄或欲以每歲農隙濬湖或欲禁田石柱之內者又皆有法矣欲知濬湖之淺深用工若干爲日幾何知增隄竹木之費幾何使之安出欲知濬湖之泥塗積之何所又已計之矣欲知工起之日或浮議外搖役夫內潰則不可以必其成又已論之矣誠能收衆說而考其可否用其可者而以在我者潤澤之令言必行法必舉則何功之不可成何利之不

可復哉輩初蒙恩通判此州問湖之廢興於人未有能言利害之實者及到官然後問圖於兩縣問書於州與河渠司至於參覈之而圖成熟究之而書具然後利害之實明故爲論次庶夫計議者有考焉

王十朋鑑湖說其上篇曰越之有鑑湖如人之有腸胃閉則不可以生自東漢太守馬臻開是

湖以來千有餘年民受其利國朝興始有盜湖爲田者至于治平熙寧間盜田蓋七百餘頃而湖浸廢矣然官亦未嘗不禁而民亦未敢公然盜之也政和末有小人爲州內交權幸專務爲應奉之計遂建議廢湖爲田而輸其所入于京師自是姦民豪族公侵強據無忌憚所謂鑑湖者僅存其名而水旱災傷之患無歲無之矣今占湖爲田蓋二千三百餘頃歲得租米六萬餘石爲官吏者徒見夫六萬石之利於公家也而不知九千頃之被其害也知九千頃之歲被其害而已而不知廢湖爲田其害不止于九千頃已也蓋湖之開有三大利廢湖爲田有三大害山陰會稽昔無水旱之患者鑑湖之利也今則無歲無災傷蓋

天之大水旱不常有也至若小水旱何歲無之自廢湖而爲田每歲雨稍多則田已淹沒晴未久而湖已枯竭矣說者以爲水旱之患雖及于九千頃之田而公家實受湖田六萬石之入嗚呼其亦未之思也夫災必訴訴必檢檢必放得湖田之租失常賦之人所得所失相去幾何官失常賦而以湖田稍折之猶可也九千頃之民田其所失者不可計其何以補折之耶王者以天下爲家其常賦所入亦廣矣豈利夫六萬石之入而以病民耶況湖田之入在今日雖饒而他日亦將同九千頃而病矣使湖之盡廢而爲田則湖之爲田者其可耕乎今之告水旱之病者不獨九千頃之田也雖湖田亦告病也況他日無鑑湖則九千頃之膏腴與六萬石所入之湖田皆化爲黃茅白葦之場矣越人何以爲生耶此其爲大害一也鑑湖三百五十八里之中蓄諸山三十六源之水歲無大潦而水不能病越者以湖能受之也今湖廢而爲田三十六源之水無吞納之地萬一遇積雨浸淫平原出水湖不能納水無所歸則必有漂廬舍敗城郭魚

人民之患嘗聞紹興十有八年越大水五雲門都泗堰水高一丈城之不壞者幸也假令仍湖廢不止於今而大水甚於往歲則其爲害當如何此廢湖爲田其爲大害二也自越之有鑑湖也歲無水旱而民足於衣食故其俗號爲易治自東都以來守會稽令山陰者多以循吏稱見於史傳者不可一二舉非昔之守令皆賢也蓋樂歲之中室家溫飽民之爲善也易爾比年以來獄訟繁興人民流亡盜賊多有皆起於無年去秋災傷之訟山陰會稽尤多非昔之民皆善良今之民皆頑鄙也蓋禮義生於飽煖盜賊起於饑寒其勢不得不然耳其爲大害三也自祥符慶曆至今建復湖之議者多矣而湖卒不能復非湖之不可復也蓋異議者有以搖之也曰九千頃雖被水災之害而常賦不盡失以湖爲田而官又得湖田之利爲多湖雖廢而何害且多爲異說以搖之此建議者之言卒奪於浮議者之口使建議者灼然知夫大利害之所在以折夫異議者之云云則復田爲湖有不可得而已也其下篇曰夫廢湖固不可以不復然亦

有三難據於異議一難也工多費廣二難也郡守數易三難也今之占湖爲田者皆權勢之家豪強之族也侵耕盜種爲日已久一旦欲奪而復之彼必游談聚議妄陳利害曰勞民也費財也失官租也有科率之擾也無積土之地也爭爲異說以沮害之官吏方墮於因循苟且之習復爲氣力多口舌者之所動移而欲冀成功於歲月之久可乎此據于異議一難也昔人嘗計濬湖之工矣曰役五千人濬至五尺當十五歲而畢至三尺當九歲而畢夫用工如此之多歷年如此之久其爲費如何今越不濬湖而財用猶不給況與至大之役有不貲之費耶此工多用廣二難也守令之於郡邑久任則可以立事數易則不能成功況鑑湖之開非一歲一時之所能畢今之爲守者或一歲而遂遷或半歲而遽易湖之利害不暇問焉能知不能知遑暇治其間慨然有志於開復者功未及施而去計已迫矣後來者所見不同復變前議以數易之守而欲興浩大悠久之役可乎此郡守數易三難也湖有三不可不開而厄於三難聞是終無策

以開之也切謂欲遏浮議則不可不白利害於朝廷
朝廷主之雖異議紛然但莫之恤可也彼異議者不過曰勞民費財耳夫勞民費財與無用不急之務則不可如鑑湖之利害如此謂之無用不急可乎自湖之廢也歲多災傷細民艱食今於農事之隙募民濬治官出財民出力兩有所利民雖勞而不憚財雖費而不虛矣彼不過曰官失湖田之租民有科率之擾夫鑑湖之開千有餘歲矣昔無湖田之租有國者不以不足爲病豈今日獨少此耶況湖既復而民利與災傷不作而常賦不失民無凶荒之訴官無檢放之患較其所得與今孰多至若錢米之費當一出於官而不取於民竹木之具雖資之於民而盡酬其直胥吏都正從而擾民者則嚴法令以治之尚何科率之憂耶越人多謂湖可開也而土無所歸是不難積其泥塗以爲丘阜昔吳長文常論之矣今湖之側曠地固多擇其利便隨其遠近而丘阜之土非所患也欲沮濬湖之計者不過數者之說而皆有以處之尚何浮議之恤耶謂日役五千人濬之五尺十五歲而畢

者蓋通三百五十里之間而計之也今之瀦湖固未能舉三百五十里之內而盡復之也湖自熙寧以來建議者立兩存之說有牌內牌外之限今牌尚存而牌內亦盜而爲田矣爲今日計者當先復牌內之湖其用工固有間自牌之外當以漸治之可也所費之財自本府經畫外又當請於朝乞每歲湖田所入之米以爲僱工興役之費朝廷捐六萬石之米不足以爲多寡越得此以辦事則沛然有餘矣欲復田爲湖必當進以歲月之久有久與之役無久任之守以主之則異議一揺而事必中輟是又當請於朝置開湖一司於越命守倅帶提舉主管之職如勸農學事之類又命二知縣分董之守既職其事則必任其責雖遷易不常而後來者不得不繼非政術同也蓋職使然也又有倅終任以晉其事今終任以董其役則責有所歸又命監司督察賞罰之俟湖成之日凡主其事董其役者皆次第加賞如是則湖不患其不復也昔論復湖之利害者多矣莫如曾子固子固昔倅越知鑑湖之利害爲詳而其言有足取者有能舉行

予固之言而不棄其之兩說則湖廢乎其可復不然姑存其說以俟馬太守再生可也

復湖議

徐次鐸

次鐸竊見會稽山陰兩縣之形勢大抵東南高西北低其東南皆至山而北抵于海故凡水源所出多自西東南今衆流所聚者曰平水溪曰上竈溪曰欑宮溪曰龍瑞宮溪皆在會稽曰蘭亭溪曰南池溪曰離渚溪皆在山陰其他一泒一坑所出總之三十六源當其未有湖之時三十六源之水蓋西北流入于江以達于海自東漢永和五年太守馬公臻始築大堤瀦三十六源之水名曰鏡湖堤之在會稽者自五雲門東至於曹娥江凡七十二里在山陰者自常禧門西至于西小江凡四十五里故湖之形勢亦分爲二而隸兩縣隸會稽曰東湖隸山陰曰西湖東西二湖由稽山門驛路爲界出稽山門一百步有橋曰三橋橋下有水門以限兩湖湖雖分爲二其實相通凡三百五十有八里灌溉民田九千餘頃湖之勢高于民田田又高于江海故水多則泄民田之水入于江海水少則泄湖之水以溉民田而兩縣及

湖下之水啓閉又有石牌以則之一在五雲門外小凌橋之東今春夏水則深一尺有七寸秋冬水則深一尺有二寸會稽主之一在常禧門外跨湖橋之南今春夏水則高三尺有五寸秋冬水則高二尺有九寸山陰主之會稽地形高於山陰故會南豐述杜杞之說以爲會稽之石水深八尺有五寸山陰之石水深四尺有五寸是會稽水則幾倍山陰今石牌淺深乃相反蓋今立石之地與昔不同今會稽石立於瀕隄水淺之處山陰石乃立湖中水深之處是以水則淺深異於曩時其實會稽之水常高於山陰二三尺於三橋閘見之城外之水亦高於城中二三尺於都泗閘見之乃若湖下石牌立於都泗門東會稽山陰接壤之際春季水則高三尺有二寸夏則三尺有六寸秋冬季皆二尺凡水如則乃固斗門以蓄之其或過則然後開斗門以泄之自永和迄我宋幾千年民蒙其利祥符以來並湖之民始或侵耕以爲田熙寧中朝廷興水利有盧州觀察推官江衍者被遣至越訪利害衍無遠識不能建議復湖乃立石牌以分内

外牌內者爲田牌外者爲湖凡牌內之田始皆履畝許民租之號曰湖田政和末郡守方侈進奉廢牌外之湖以爲田輸所入于少府自是環湖之民不復顧忌湖之不爲田者無幾矣隆興改元十一月知府事吳公芾因歲饑請于朝取江衍所立石牌之外盜爲田者盡復之凡二百七十七頃四十四畝二角二十二步計工度量先從禹廟後唐賀知章放生池開濬自餘日訖工每歲期以農隙用工至農務興而罷然次鐸出入阡陌詢父老面形勢度高卑始知吳公未得復湖之要領夫爲高必因丘陵爲下必因川澤豈有作陂湖不因高下之勢而徒欲資畚鍤以爲功哉馬公惟知地勢之所趨橫築隄塘障捍三十六源之水故湖不勞而自成歷歲滋久淤泥填塞之處誠或有之然湖所以廢爲田者非直以此也蓋以歲月彌遠湖塘既寖壞斗門堰閘諸私小溝固護不時縱閉無節湖水盡入江海而瀕湖之民始得增高益卑盜以爲田使其隄塘固堰閘堅斗門啓閉及時塘溝禁窒不通則湖可坐復民雖欲盜耕爲尺寸田不可

得也紹興五年冬孝宗皇帝靈駕之行府縣懼漕河淺涸盡塞諸斗門固護諸堰閘雖當霜降水涸之時不雨者踰月而湖水僅減一二寸湖田被浸者久之訖事決隄開堰放斗門水乃得去是則復湖之要又較然可見者也夫斗門堰閘陰溝之爲泄水均也然泄水最多者曰斗門其次曰諸堰若諸陰溝則又次焉今兩湖之爲斗門堰閘陰溝之類不可殫舉姑以其著者言之其在會稽者爲斗門凡四所一曰瓜山斗門二曰少微斗門三曰曹娥斗門四曰蒿口斗門爲閘者凡四所一曰都泗門閘二曰東郭閘三曰三橋閘四曰小凌橋閘爲堰者凡十有五所在城內者有二一曰都泗堰二曰東郭堰在官塘者十有三一曰石堰二曰大埭堰三曰皇步堰四曰樊江堰五曰正平堰六曰茆洋堰七曰陶家堰八曰夏家堰九曰王家堰十曰彭家埭十有一曰曹娥堰十有二曰許家堰十有三曰樊家堰其在山陰者爲斗門凡有三所一曰廣陵斗門二曰新逕斗門三曰西墟斗門爲閘者凡三所一曰白樓閘二曰三山閘三曰柯山閘

爲堰者凡十有三所一曰陶家堰二曰南堰皆在城內三曰白樓堰四曰中堰五曰石堰六曰胡桑堰七曰沉釀堰八曰蔡家堰九曰葉家堰十曰新堰十有一曰童家堰十有二曰賓舍堰十有三曰抱姑堰皆在官塘兩縣之北又有玉山斗門八間曾南豐所謂朱儲斗門是也去湖最遠去海最近地勢斗下泄水最速其三間隸會稽五間隸山陰若其他民各於田首就堤增爲諸小溝洎古諸暗溝及他缺穴之處難而以疏舉大抵皆走泄湖水處也吳公穉此不察猥徼倖從事於開濬之末誤矣故吳公所開湖才數年皆復爲田暨于今或歲輸所入於官或爲慈福宮莊田及蕩地歲輸所入於莊或爲縣公田及蕩地歲輸賃直於縣爲應辦用度錢或爲害成天長千秋大內等寺觀因佃吳給事積土之山而包佃爲田及蕩地故湖廢塞殆盡而水所流行僅有從橫支港可通舟行而已每歲田未告病而湖港已先涸矣昔之湖本爲民田之利而今之湖反爲民田之害蓋春水泛漲之時民田無所用水而耕湖者懼其害已輒請於

官以放斗門官不從相與什伯爲羣決隄縱水入於民田之内是以民常於春時重被水潦之害至夏秋之間雨或愆期又無瀦畜之水爲灌溉之利於是兩縣無歲無水旱臨司府縣亦無歲無賑濟利害曉然甚易知也然則湖其可不復乎道聽塗說者方以闕上供失民業爲說是不然夫湖田之上供歲不過五萬餘石兩縣歲一水旱其所損所放賑濟動以殆不啻十餘萬石其得失多寡蓋已相絕矣湖之爲田若蕩地若不過餘二千頃耕湖之民多亦不過數千家以二千頃數千家之小利而使兩縣湖下之田九千頃民數萬家歲受水旱饑饉而弗之恤其利害輕重亦甚相遠况湖未爲田之時其民豈皆無以自業乎使湖果復舊水常瀰漫則魚鱉蝦蟹之類不可勝食茭荷菱芡之實不可勝用縱民採捕其中其利自博何失業之足慮哉次鐸論載既畢又有援執舊說而詰之曰從子之說不必濬湖使深必須增隄使高且懼隄高壅水萬一決潰必敗城郭子將爲之柰何是又未知形勢利害者也夫水之湍急者其地或傾不

能容於是有衝激決溢之患今湖之水源不過三十六所而湖之廣餘三百里以其地容其水裕如也況自水源所出北抵于隄及城遠者四五十里近猶一二十里其水勢固已平緩於衝隄也何有且隄之去漢如此其久是必有虧無增今誠築隄增於高者二三尺計其勢方與昔同昔不慮其決而今顧慮之何哉張元忭曰忭按曾王徐三公之議非不鑿鑿可聽然在當時已窒礙不可行至於今又數百年矣無論二千頃之膏腴民命所賴即廬舍墳墓於其上者無慮千萬家若盡鏟而爲湖是激洪水於平世也且昔之爲湖者將以蓄水耳今既有海塘有三江閘謹修築時啟閉可永無患而又蓄此二千頃之水徒以魚鱉茲土將安用之哉如此而猶存三公之議者姑以備舊制云爾詳在兩邑志

蕭山童湖牧馬湖漵湖皆在縣東淨林湖女陂湖厲市湖通濟湖清霖湖周家湖楊家湖大小湖皆在縣

南湘湖落星湖白馬湖徐安正湖詹家湖梓湖鄔湖戚家湖皆在縣西澇湖灘淺不甚蓄水糜湖一瓜瀝湖郎

臨江

湖

宋淳熙十一年邑令錢塘顧沖湘湖均水利約束記

謹按圖經湘湖周圍八十里溉田千餘頃水之所至者九鄉紹興二十八載縣丞趙善濟以旱歲多訟乃集塘長暨諸上戶與之定議相高低以分先後計毫釐以約多寡限尺寸以制泄放立爲成規人皆悦之八鄉既均有未及者若許賢居其旁不預後有告於

上者雖得開穴以通其利卒用舊約垂二十有餘年莫之重定淳熙九年沖濫邑宰適丁旱傷之餘知其湖有利於民甚博既去其奪爲田者復謀於衆取舊約少損八鄉以益許賢利始均矣九鄉管田一十四萬六千八百六十八畝二角水以十分爲準每畝各得六絲八忽一抄積而計之以地勢高低之異故放水有先後之次分爲六等椰塘最高故先黃家壩最低故後其間高低相若同等者同放此先後之序不可易者去水穴一十有八每穴濶五尺自水面掘深

三尺竝樂尺其旁柽以石底亦如之非石則衝洗潽潤去水無限矣水已放畎澮皆盈方得取之先者有罰私置穴中夜盜水者其罰宜倍昔召信臣居南陽作均水約束刻石立於田畔以防分爭後人敬慕之茲以放水穴次時刻開列於後

第一椰塘溉夏孝鄉范巷村二百二十四畝一角四十步得水一釐三毫七絲七忽放四時一刻止

周婆湫溉夏孝鄉杜瀏村六百五十畝得水四毫四絲二忽放一時三刻止

歷山南溉安養鄉孫茂村一千四百九十七畝三角得水一釐一絲九忽放三時止

歷山北溉安養鄉孫茂村一千四百九十七畝三角得水一釐一絲九忽放三時止

第二黄家湫溉夏孝鄉斜橋村一千七百五十五畝杜瀏村六百

五十畝共得水一釐六毫三絲七忽放四時九刻止　金二穴　溉夏孝鄉寺莊村一千五百一十六畝二角四十步得水一釐三毫二忽放三時一刻止　楊岐山穴　溉新義鄉前後峽村二千三百五十六畝一角三十步得水一釐六毫五忽放四時八刻止　河墅堰　溉安養鄉百戶村二千三百四十二畝三十步長典鄉河墅村一千六十四畝二角黄山村五千八百三十七畝三角山北村九百三十六畝一角夏孝鄉許村一千九百五十三畝二角二步共得水八釐二毫六絲三忽放二十四時八刻止

第三東斗門　溉昭名鄉縣東村一千二百八十五畝由化鄉瀎湖村二千四百三十畝北幹村六百四十二畝去虎村一千九百八十三畝安射村一千六百三十六畝長豐村一千六百二十六畝共得水七釐二毫一絲一忽放二十一時六刻止　石家湫　溉由化鄉北幹村六百四十二畝長豐村一千六百二十六畝安射村一千六百三十六畝瀎湖村二千四百三十畝去虎村一千九百

八十三畝共得水四甆三毫

划船港　漑夏孝鄉寺莊村一千五百一十六畝得水一甆三絲四絲五忽放一十九時止

亭子頭　漑新義鄉前峽村二千三百五十六畝一角三十步共得水一甆六毫四忽放四時九刻止

許賢霑　漑許賢鄉羅村六千三百三十七畝三角二十步荷村三千三十七畝二步朱村三千四百六畝一角六步共得水八甆七毫三忽放二十六時一刻止

第四童家湫　漑崇化鄉黄村七千一十畝百步村二千八百五十四畝徐潭村八百三十一畝來蘇鄉孔湖村三千八百二十畝共得水九甆八毫八絲四忽放二十九時六刻止

第五鳳林穴　漑新義鄉莫浦村三千八百畝前豪村三千八百二十九畝何由村七千二百四十一畝穴村五千一百七十三畝共得水一分二甆六毫四絲九忽放四十時九刻止

横塘　漑夏孝鄉斜橋村一千七百五十五畝杜湖村六百五十五畝花巷村二千二十畝一角共得水四甆五毫一絲三

忽放十三時五刻止

石巖斗門　溉崇化鄉史村三千三十三畝徐潭村八百一十三畝社壇村一千三百一十七畝二角趙村二千二百五十三畝陳村三千八十二畝二角照名鄉龔墅村三千四百一十二畝五十步縣南村七十六畝二角杜頭村一千五十四畝二十步南汀村三千一百六十四畝二角一十步由化鄉五里村七千七百一畝一角四十步趙士村一千四百六畝二角濱浦村二千一百二十九畝共得水一分五釐三毫三絲一忽放四十二時止

第六黃家霪　溉崇化鄉趙村二千二百五十三畝史村三千三十畝徐潭村八百三十一畝社壇村一千三百一十七畝二角陳村二千八十畝二角照名鄉龔墅村三千四百一十一畝二角社壇村一千五十七畝二角縣南村七十六畝二角由化鄉五里村一千九百六十畝二角四十步濱浦村二千一百二十九畝趙士村一千四百六十一畝二角一十步共得水一分五釐三毫三絲一忽放四十六時止

諸暨泌湖在五十九都㢘湖七十二縣湖放生湖五湖鯉湖洋湖楮家湖楖家湖杜家湖王四湖柘樹湖章家新湖東陶湖高公湖大呂湖横塘湖戚家湖朱家湖菱湖落星湖上下竹月湖東湖鏡子湖沈家湖道士湖新亭湖馬湖蒼湖象湖黄湖張麻湖和尚湖山後湖橋裏湖觀莊湖朱公湖泥湖京塘湖王家湖大湖木陳湖缸竈湖家東湖草湖馬塘湖西陶湖杜黄湖畢湖趙湖線鯉湖西施湖黄潭湖魯家湖江西湖蓮塘湖歷山湖湍朱湖神堂湖忽視湖滑池湖白塔湖峯山湖里亭湖石蕩湖前村湖蔣湖横山湖下湖央湖金湖二湖名闕

泌湖舊以畜水不田故不豎科無居民故無圖里後沿湖居民漸據爲田日復一日致有獲大利者官司惡其不法每案奪之黠猾者復以他糧飛灑其中爲

影射計官司清查不能得反以額田爲湖於是十三處之說興焉十三處者田十三處也民以爲田而官以爲湖大率未必皆田未必皆湖也上下相持告訐盈庭紛紛者三十餘年嘉靖甲寅知縣徐公樾勘之曰除十三處尚足畜水與其奪民之田以爲湖孰與以湖爲田乎民賴以寧未幾有議聽民佃湖爲田以其值造城而十三處復在佃賣之中民復譁然曰田則佃矣吾糧焉往縣因爲丈量槩縣田土曰爾縱有糧患無往乎民不得已聽之而價值又或不能盡當

儉小因之投獻豪右始多事矣後又逢豪右意爲每畝賦米一升而不役得田者皆視爲世業築塘圩珠網其中悉成膏腴而時或霖潦水無所洩近湖民田反憂魚鼈甚則泌亦不能自保而又議編他都民爲閭里不知何說

諸暨新志曰舊說暨水每爲蕭山害元時因以泌湖畜水而責其稅於蕭山夫泌舊湖也從何而稅之如果有之既爲湖則泌落其籍縱責稅於彼明初則壤成賦泌有大體而乃承一時之頗制或未然與而蕭山新志則曰往日浦陽江水從麻溪入小江有妨十六十七十八都之農因近泌湖遂借以瀦水農乃利因此代納泌湖之糧近年戴公琥開磧堰江分爲二水入江不賴泌湖而代納如故識者有遺恨焉二說未知孰是明黃鐘泌湖議諸暨之湖七十有二諸湖丈量陞科供辦

糧差惟獨此湖田宋元及今國家相沿爲湖而不以爲田者此必有說職常相度其地審覗水勢訪咨羣議則以湖斷然但可爲湖而不可以爲田也何則縣東之水發嵊縣會稽山陰諸界無慮十餘條皆注此湖而浣江發源浦江義烏分派東西兩江而又會流於三港口三港水道狹小旱乾之時兩江之水由三港舒徐順流入於錢塘若有霖雨崇朝則兩江之水暴漲壅淤於三港而其水反從東南逆注於此湖則此湖誠爲衆水聚畜囊貯之所若據以爲田則必有壅塞懷襄之患而暨之爲縣大受其害矣歷代以來中更老成定慮者不知其幾卒棄膏腴以爲官湖而不以爲田者非其見事之晚利害較然勢有所不可也

餘姚牟山湖一名新湖汝仇湖余支湖俱在東山鄉黃山湖新湖烏戎湖俱在燭溪鄉獨姥湖附子湖勞家湖

在雲柯鄉千金湖在蘭風鄉桐下湖穴湖在治山鄉樂安湖臧墅湖蒲陽湖前溪湖莫家湖趙蘭湖鴨蕩湖楂湖俱在雲樓鄉上林湖上澳湖俱在上林鄉東泉湖西泉湖在雙鴈鄉鱧子湖在梅川鄉燭溪湖桐樹湖在龍泉鄉廢湖二松陽湖寺湖

汝仇湖嘉靖間豪民稍佃爲業屢經會官踏勘分已升科未升科量追銀若干兩准占種子粒作每年修閘之費免其佃價以後不許再侵占

牟山湖始於嘉靖九年復教場以王宿灣竹山西岸

高阜處一百三十畝給償倪王二姓民後築江南城其基地皆民房或熟田價無所出復議以牟山湖田償之由是告田湖者相接起其實非盡爲城基者也其後三十餘年侵湖幾半矣猶未已

燭溪湖斗門二由梅川鄉東界于臣堰閘西界于横河閘姚家堰小㨾山堰張溝堰北界于羅樹橋閘者爲上原東門之水灌之其龍泉之横河以西石堰閘西鵬堰南湫閘以東及燭溪一都之茅山堰黄山堰冶山一都之方清堰者爲下原西門之水灌之宋重

和以前每決湖必竝啓東西門上原地高邛水難猝行而其所灌田多至九萬五千六十畝下原傾卑易流而江湖又日浸之其灌田則止二萬二千五百畝以故上原坐受旱菑世與下原諸豪家爭宣和初縣令汪思溫乃改作湖西門隘之凡三尺又於下原作樣堰陳堰馬堰及焦家斗門節水使毋下流而上原之水猶不應慶元五年縣令施宿乃令鐫廣東門石底凡三尺又決湖先決東門一日夜乃決西門於是水利適均下原人乃皆鄙比盜決諸所節水堰閘放

之于江故旱上原之田明成化十三年湖溢西門壞復乘其敗作潤思温所築凡五尺上原人訟之于縣于府于司于臺久不決於是梅川胡禮上其事于廷其畧以爲莫如丈計二原之多寡築塘於湖而分其水報曰可於是行浙江按察司覈治之而副使文貴實來視水勢核水東西所灌田數中築塘分湖爲兩自梅壖湖航渡西山以東俱屬上原塘以西屬下原自是利均訟息垂數十年新湖塘漸壞嘉靖十四年禮之孫東臯視事都察院復以言令有司率民修之

利今如故云上林上澳湖亦有上中下原縣新志又云上林水一決而周所灌之地不分上中原岑君上林鄉人其說應有據

上虞大查湖小查湖在一都夏蓋湖在三都白馬湖上妃湖皂李湖在十都破岡湖在二都西洋湖在六都張湖在九都隱嶺湖高公湖洪山湖金石湖孔家湖沙湖俱在十都錢家湖小湖江淹湖圓湖光嚴湖高鏡湖章汀湖潛湖俱在十一都尚湖金家湖圖湖菱湖姥山湖臺墅湖坯埠湖伶仃湖馬家湖靈芝湖

雙湖上湖旱湖韓湖鍾湖江湖大湖俱在十二都渚湖椿湖在十三都黃灣湖郎家湖池湖竹衕湖法華湖雙萁湖後竈湖赤峴湖鄭家湖鳳翎湖俱在十四都沐憩湖在十五都前厲湖蚌湖分家湖在十六都銅湖王山湖俱在十七都周家湖李家湖俱在十八都西溪湖在二十一都唇子湖黃婆湖在鎮都東明湖在水東精舍後廢湖四大康湖葛家湖田家湖廟門湖

夏蓋湖最大宋政和中廢爲田紹興二年縣令趙不摧言於朝吏部侍郎李光又力爲奏乃得廢爲湖宋陳

袤上傳崧鄉太守書古人設陂湖以備旱歲王仲嶷建請以爲田乃引鑑湖自然淤澱已成田陸爲說又有不妨民間水利之語其欺罔甚矣然佃戶占請之初各有畝數不敢侵冒當時湖之爲田者才十二三佃戶止於高昂處作塍未敢涸湖以自優民田尚被其利但瀦水不如曩日之多故諸鄉之田歲歲有旱處比年以來冒占不已今則湖盡爲田矣以夏蓋湖推之諸處可以類見袤所知者止上虞餘姚其他四邑皆不及知新昌嵊縣無上虞餘姚所置陂湖三十餘所而夏蓋湖最大週圍一百五里自來蔭注上虞縣新興等五鄉及餘姚縣蘭風鄉此六鄉皆瀕海土平而水易泄田以畝計無慮數十萬唯藉一湖灌溉之利今既涸之爲田若雨不時降則拱手以視禾稼之焦枯耳其他諸湖所灌注皆不下數百頃在餘姚若汝仇牟山燭溪上林餘支千金漁浦黄山樂安等湖所灌田動以數百頃殖利人戶倚以爲命而乃盡奪之一遇旱暵非唯赤子饑餓僵踣道路而計司常賦虧失尤多雖盡得湖田租課十不補其三四又況

每遇旱歲湖田亦隨例申訴官中檢放與民田等臣見上虞丞言曾蒙上司差委相度湖田利害因點對靖康元年建炎元年湖田租課除檢放外兩年共納五千四百餘石而民田緣失陂湖之利無處不旱兩年計檢放秋米二萬二千五百餘石只上虞一縣如此以此論之其得失豈不較然民間所損又可見矣但當時以湖田租課歸御前與省計自分兩家雖得湖田百斛而常賦虧萬斛嬖倖之臣猶將曰此百斛者御前所得也不創湖田何以有此省計虧羨我何知哉今湖田租課既充經費則漕臺郡守固當計其得失之多寡而辨其利害夫公上之與民一體也有損於公有益於民猶當爲之况公私俱受其害可不思所以革之邪憲得之父老云本州之湖其自然可以爲田者唯有鑑湖高昂去處蓋不失水利兼與民田亦無相妨其他皆隨湖廣狹以定植利之頃畝尋常湖水平堤旱歲常憂不足頃見李宣州言此利害甚詳而明必嘗與執事熟論况執事越人也想前已洞達於胸中君子懷濟民利物之志每恨不得行耳

然則解斯人之倒懸顧不在今日乎稾愚意欲望執事斷以不疑除鑑湖外諸縣湖田悉罷之以便民誠不背之利也然儻俟奏報則湖田皆在四月上旬插種之後若行罷廢似非人情不廢則失今夏潴水之利故稾必冀左右以權宜即日施行一面具利害聞奏仍上章待罪如四聰嘉納則粒米狼戾之慶可坐而致或俞音尚閟則湖以潴水今歲不得爲田足以寬嗷嗷之衆秋間果得一稔則疲民可蘇此事惟在斷而行之失此機會歲事或虧湖田之租常賦之額兩無所得元元艱食流離道路強者爲盜弱者爲丐嘯聚弄兵豈不由此執事當自見之知稾不爲過論也嘉泰二年春邑民常訴湖田之害於撫諭使者使者下其狀於州縣上虞令陳休錫遂悉罷境內之湖田翟卿以未得朝廷旨揮數窘之陳不爲變是歲越境大旱如諸暨新嵊赤地數百里農夫無事於銍艾獨上虞大熟餘姚次之其冬新嵊之民糴於上虞餘姚者屬路不絕向使陳令行之不果則邑民救死不暇況他境乎夫以一縣令尚能爲之稾之所望於左

右宜如何又曰此事如蒙采擇須在三月盡文字到縣設或遲緩不可過四月初二三也蓋此時湖田插種者尚少兼權利人戶須於梅雨前修築堤塘兩作之後難以施工也某三月廿一日舟行湖中詢田夫云已種二十之一至月末可種十之一若罷湖田所插之秧當爲棄物與大利不可恤小害也左右果欲施行不可先使衆人知之恐刻木得以爲市湖田有請數畝爲名而侵佔蔓延至百十畝此湖之所以盡爲田也前此累有論訴官中差人打量只是刻木及牙人乞覓租課只仍原額未嘗增也檀湖利者皆鄉村豪強之人中間上司體量利害此輩行賄至千餘緡今來或罷田當有訴諜紛然並至必以已種爲詞亦有乞候收成罷廢者此乃緩官申行遣至期官吏移易又復寢矣惟在台嚴少加懲戒毋爲浮言所惑幸甚上虞陂湖之爲田者共一十四所其西溪湖等十三所共納租米三千餘石而夏蓋湖獨管納二千餘石可以見此湖之廣濶係上虞餘姚兩縣六鄉二萬餘戶植利所係非輕蓋六鄉皆邊海瀰望盡是平

陸非如衢婺諸郡間有池塘可以蔭注自與湖田熟歲不旱大旱之歲至檢放秋米一萬餘石建炎二年陳令罷湖田獨此一鄉無一戶訴旱其利害甚明恐台意以爲方朝廷多故又總鄉邦帥權慮事涉太專未欲盡罷不識可先罷夏蓋湖田否蓋其他諸湖此之爲狹雖州郡行遣不當分彼此然一時權宜救民之所甚急於理無礙此亦侯雍齒之意民間曉然知惠之將及我也此已涉第二義恐思其上者而不得故謾及之槩所言儻不鄙斥更當審詢利害條呈以備回鑾時論列即恐事已廷期不暇草奏乞只以槩今所言錄白繳進苟利於民槩雖死不恨

其水灌上虞之新興等五鄉之田而陳倉堰閘之水則灌餘姚之蘭風一都四保五保七保九保十保之田其七九十保更與上虞之第五都聯溝共港每歲上虞放水六次餘姚放水三

次二縣之人世守之其後上虞之豪陳富之懷奸挾私不肯與餘姚同利乃謀廢革往賄蘭風人胡炫輩訟之洪武六年知府唐鐸爲剖曲直悉復古規仍令府教授王儼作記于本府及二縣之廳事本湖之陳倉閘各樹一碑志其本末俾世守毋改焉其後永樂間上虞修邑志乃於本湖疏曰秋後三日於陳倉閘放水四箇時辰無遇決湖其圩甲諸色人指此藉口不得應時放水灌溉蘭風一鄉之民重遭其困復訴於郡宣德初郡守陳公耘手批云波及蘭風古規可

准湖專虞邑新志難憑蔭灌適其旱時潴蓄廣乎有
剩必於秋後三日纔放水漿若或夏至高晴豈不赤
地復與餘姚均利云〔王儼記〕越之屬邑曰上虞去邑東北四十里有湖曰夏蓋周圍
一百里有奇相傳邑人捐田瀦水以灌其五鄉之田
隣壤餘姚蘭風之田均賴以瀦郡志所謂夏蓋湖一
百五里蔭注上虞縣新興等五鄉及餘姚蘭風鄉是
也昔人作渠引水俱有定規歷世既遠或廢湖爲田
或復田爲湖變置不一舊規湮廢虞邑之人曰湖水
我土地所有於姚江何與故各而弗與姚江之人則
曰水宜通利無往不達豈虞人所可專故爭而不解
自其情而論之虞邑之地高姚江之地下水誠一瀉
勢若建瓴虞邑將有旱暵之菑於茲水不得不靳蘭
風他無所瀦不得是水其田亦不能有成於茲水不
得不爭向自前宋以迄于元訟無已時二邑之人既
各畫所欲而不通彼我之情長二邑者又往往各私

其民而不能平此湖之訟此其爭之所弗息也既版圖歸化姚江民胡炫輩白其事憲府憲府檄郡守唐公鐸考其實相其宜均其利於是移判府吳公敬親詣湖所會二邑之長與其耆老考索往誌尋求故蹟咨諏輿論僉謂蘭風一都田爲若謙七九十保並與上虞接境素藉兹湖之水炫輩所言四五保田爲畝者六十亦宜蔭以兹水餘皆去湖遠勢不相及彼有堰名陳倉購於二邑之間作閘其上通水以蔭蘭風之田甃之以石閘之以版錮之以鎖戒近民守之而上鑰于郡遇亢陽二邑同給鑰詣陳倉集乃父老啓閘疏水適可而亟鎖之即上鑰焉庶杜過求之私息相爭之患議定辭協于一郡守盡召其耆民集于庭親諭之者三言允情協乃復於憲府命二邑與作渠已而渠成且期不變所議也俾記其事而勒諸石嗟夫民匪水不生活樹百穀粒烝民匪水焉資不得而爭固其所也閱時歷世莫或平之逮夫聖神啓運化洽萬邦數十百年不決之訟一日而息其與虞芮之質厥成者何以異哉惟永不渝易此規均兹水利俾

斯渠世世弗壞將隣壤協和民德歸厚矣人心誠和於下天心將和於上雨暘時若豐年屢應復何爭乎茲水請以是爲記

西溪湖自元時廢明萬曆十二年知縣朱維藩銳意復之懲前之疑阻者議曰檢諸額冊西溪湖田計一千六百二十六畝而量出夏蓋白馬上妃三湖諸造田五百餘畝又十二都隱地九百餘畝既補且償適足其數況湖田之價貴不過三金而有湖溉田旱潦有備皆成膏腴歲可常稔價當倍蓰於昔即酌宜分派人情無不樂從者官無缺額之賦民無不償之價

可謂兩利矣請於上官皆允之乃諏日舉事倣築城例先築塘每里遞計一丈二尺相地以定序不旬月功成

〔溪〕越中稱萬壑爭流山間溪甚多不可勝載著名者見山川志然大率注于湖或瀉于江會于河惟嵊之剡溪及新昌諸溪其流潤且長居民皆引以灌田而獲其利

會稽上竈溪嘉靖初知府南大吉嘗濬之沿溪田甚獲其利（沈弘道紀南公濬上竈溪本末）蓋萬峯之瀑交注于上竈之川既瀉而爲石堰又瀉而環禹穴其濱則皆稼穡之地又其濱則皆荒阻崖壑薪蒭老樹叢篁交蔭之境故歐冶以之而淬劍鄭弘以

之而泛艇不有秀川何以來此隹客哉然而龍蛇變穴水怪肆妖沙塞岸圮巳不可殫記歲月矣故舟楫莫通而行人悉勞枯槔無功而農人載病正德間耆民趙澄聞于上廟廊許其濬也獨有司者不能爲民隱憂每輙不爲嘉靖三載太守南侯周覽吁曰越川病迺矣吾何惜一旰食邪乃濬城河濬運渠濬堰濬浦遂濬我川首尾二百餘里勤勞甚矣方我川未濬也司寇韓公封君汪公暨予咸白于侯方命楊判簿陳河泊優民塘役濬之人或告我曰人惡勞好逸今請斯役民怨汝詈汝且增侯謗矣予應之曰天下未有不順人情而能成事者亦未有不暫拂人情而能立事者顧在順其大而拂其私所順者大而所拂者小也太守之所見良在是也役畢川通民果豁然快矣石帆之間獨橋危未治民蔣懷氏願請載石新之太守曰汝梁是川汝陰德也懷遂欣然召匠齒石橋遂翼峙予覽川功之既畢懼其後將復湮塞焉乃請立累年修理之規且勒石垂之經久嗚呼修川者其尚必厥心勠厥力無虛動鍬鋤竭汗血也

河　詳見山川志大旱始放湖常時灌田葦賴河水鄉間支河甚多

郡城中河道錯若繪畫自通衢至委巷無不有水環之民居稠雜日投穢惡以淤障水道一月不雨則驟涸船載貨物行水中用力百倍入夏尤艱苦康熙五十一年冬知府俞卿蒞任值冬旱水落諭民濬之至明年河復如故乃詳詢其由葢前郡邑長吏遇旱亦令民掘河民僅取土數簣峙之兩厓間及水漲憚於舟運復擠之河中故輒濬輒湮乃下令毋許仍前故

事其深必三尺其廣必極兩岸始於各城門鱗次遞進以一里爲程其起止處俱築土壩每一里功畢開壩引水令舟可運動卽載岸上土投城外深淵其挑掘督之夾河居民至空地無室廬者知府出俸銀僱人疏之其載土之舟則借之鄉間每都出若干艘每艘出舟子一人蓋城河者四方所共往來故城與鄉各均其役不一月功竣迄今七年矣河不再濬而舟行市廛中雖六月不絕〔鄞縣王虞廷詩〕萬壑千巖勝十洲飛行無地不仙舟誰投銀漢支機石致礙桃源鼓枻遊大洞天開新玉檢小蓬萊靚舊清流使君欲試平成手利導功先古越州

城河自南堰門受水流瀉於昌安門爲城中經流山會二縣於此分界其東爲會稽境其西爲山陰境河之上商賈輻輳皆闤闠也市民居貨者惡其地狹乃架水閣於河上爲便房密室舟行其下幾不見日月或時傾汙穢濺人往來者苦之又形家言茲河爲郡城血脉淤塞不通故閭閻凋瘵文明晦而科甲衰康熙五十四年知府俞卿下令盡撤之城河無一閣恐久而漸弛乃琢石碑二一立于府儀門下一立于江橋張神祠而乙未戊戌兩科鼎甲傳臚聯蟬鵲起致

遴入詞林者一科或三四人郡人皆彈冠鼓舞謂拆卸水閣之應焉

〔知府俞卿禁碑〕爲永禁官河造閣復水利以培地脈事照得越郡城河從鑑湖南入直進江橋分流別澮號爲七絃固四達交通發祥毓秀爲闔郡利益也自居民不遵古道始于跨河布跳繼而因跳構閣一人作俑比戶效尤致令通津瘖塞水漲則上碍船蓬水淺則下壅汙泥損傷風脈阻滯商民積弊相沿莫此爲甚本府蒞任即捐俸疏河及確訪水閣情弊更逐處親勘隨經出示曉諭限期拆卸不數日而障開天見復還古制遠近同聲稱快即造閣人戶亦無不輸誠悅服茲據通郡紳衿耆老船戶人等各具呈詞公籲立碑垂久事關地方利弊合行永禁爲此仰郡屬居民知悉當念河道猶人身血脈淤滯成病疏通則健水利既復從此文運光昌財源豐裕實一郡之福非特官斯土者之厚幸也倘日後仍有自私圖便佔河架閣等弊許鄰佑總甲指名報官以憑按律究治若扶同容隱察出並

罪各宜永遵毋得玩視〔巴陵韓矩毀水閣記〕越郡有城河者七郡中以七絃名之固濬深而流清者也居人乃架閣其上日積月累而河淤士民有識者每以其事上長吏欲毀閣以竅疏濬吏畏難不舉我公至謂城心有河猶人身有血脈也血脈凝滯衆疾作厥惟投劑通其滯於是召諸父老曰爾越文明舊盛勝國二百七十年取巍科登公輔者踵相接至於今少衰矣實茲河之淤塞故河在五行居其二水與土相生者也水土生生之義虧地氣塞而文明晦是不可不急以濬架閣者幾何家速毀爾閣毀之實所以成之也爾民其敬聽毋梗一下令河無餘閣雖勢家莫敢後焉舉百年難爲之事不動聲色而爲之公之恩威素洽於人心人以是畏而服之也昔袁恭靖欲疏濠李覺山云云此民事城東西非君家物也胡爲急袁云民事即已事公事更切於家事卒旦夕督課而成之公之心與古人同哉且除道成梁亦王政之所經營也又不徒在乎形家者言矣

江錢塘曹娥二江潮勢甚洶湧築巨堤猶恐其壞無由爲畎澮灌田也山陰舊有錢清江西小江會稽有東小江今皆爲河

蕭山新江宋乾道八年諸暨水泛溢詔開紀家滙浚蕭山新江以殺水勢邑令張暉以地形水勢列疏上之謂諸暨地高而蕭山地低山陰則沿江皆山故有小江以導諸暨之水欲浚新江其底石堅不可鑿若開紀家滙則水逕衝蕭山桃源苧蘿許賢新義來蘇崇化昭明七鄉田廬俱成巨浸時安撫丞相蔣公主

諸曁之請畢力爭有頭可斷滙不可開之言議遂寢

諸曁上下東江上下西江浣江受諸溪水水皆可灌

田

餘姚江故濶衍城東西水道咽喉狹處亦可百五十

尺濱江田皆賴以灌溉若澇則諸鄉之水咸放而直

趨于江溥哉其利也今民多填江塞渠而屋之其廣

皆不及昔之半焉小利大利之殘殆此類乎海潮自

慈谿東來由大江流注于縣城東北後横潭又東至

于石堰又至于東横河過匡堰又東至于雙河其西

北注于後漕江又注于梁家堰又至于湖堰又至于小里堰又至于菱池堰其西南注于菁江極于西横河其南流一會于竹山港一會于剡湖橋

紹興府志卷之十六終